KB011759

그렇게 나는 달리기를 시작했다.

나를 변화시킬 달리기 100일
러너스 다이어리

초판 1쇄 2020년 11월 30일

글·구성 김주은(러너제제)

편집책임 김주현 **기획편집** 성스레
디자인 빅웨이브 **제작** 정수호
마케팅 사공성, 강승덕, 한은영

발행처 북커스
발행인 정의선
출판등록 2018년 5월 16일 제406-2018-000054호
주소 서울시 종로구 평창30길 10
전화 02-394-5981~2 (편집) 031-955-6980 (영업)

ⓒ 김주은, 2020

값 18,000원
ISBN 979-11-90118-16-3(13690)

※ 북커스(BOOKERS)는 (주)음악세계의 임프린트입니다.
※ 이 책의 판권은 북커스에 있습니다. 이 책의 모든 글과 도판은 저작권자들과 사용 허락 또는 계약을 맺은 것이므로 무단으로 복사, 복제, 전재를 금합니다. 파본이나 잘못된 책은 교환해드립니다.
※ 이 도서의 국립중앙도서관 출판예정도서목록(CIP)은 서지정보유통지원시스템 홈페이지(http://seoji.nl.go.kr)와 국가자료종합목록 구축시스템(http://kolis-net.nl.go.kr)에서 이용하실 수 있습니다.(CIP제어번호 : CIP2020046095)

러너스 다이어리

나를 변화시킬 달리기 100일

글·구성 **김주은(러너제제)**

BOOKERS

"세상에 질투하기 싫어서 다 이루어 버리는 중"

내 인스타그램 타이틀명이다. 건강, 열정, 노력도 부족했던 나는, 내게 없는 걸 가진 사람들을 질투했다. 처음에는 그런 내가 안쓰럽고 불쌍했으나 점차 연민의 감정은 경멸로 변했다. 정신을 차렸을 땐 나는 나를 미워하고 있었다.

나를 다시 사랑하고 싶었다. 그런 절박한 이유로 달리기를 시작했다. 방법도, 방식도 몰랐다. '무식하면 용감하다' 했던가. 발톱이 4개만 남을 때도 있었고, 호르몬 이상 작용으로 전신 부종이 한 달 동안 이어지기도 했고 불면증에 고통 받으며 울기도 했지만 달릴수록 이루고 있단 생각에 정신은 더 또렷하고 건강해지는 것 같았다. 스스로를 사랑하니 자존감과 자신감도 자연스럽게 올라갔다. 그때쯤 정말 많은 질문을 받았었다.

"대체 왜 그렇게 달리는 거야?" "넌 달리기 목표가 뭐야?" "왜 빨라지려고 하는 거야??" "달리면서 무슨 생각해?" "그렇게 힘들어 하는데 왜 달려? 뭐가 좋은 거야?"

"절대 할 수 없을 것 같은 것들을 해내고 싶어서. 최선을 다한 노력, 죽을 만큼의 노력이란 것을 하고 싶어서. 모조리 쏟아 내버리고 나서야 느껴지는 해방감, 충족감, 만족감이 환상적이라서. 달리는 동안 날 마주볼 수 있어서. 모든 고민, 약함, 걱정, 기우, 우울함, 불안감, 이상과 현실의 괴리감을 냉철하게 보려고. 오로지 나에게만 집중할 수 있으니까. 그리고 이 모든 게 재밌어서." 이렇게 답했다.

수많은 질문들은 나를 돌아보게 했고, 내가 원하는 바가 무엇인지 분명하게 만들었다. 답이 명확하니 삶의 방향도 순조롭게 정해졌다. 목적지가 있고, 어떻게 가는지 알게 되니 더는 무엇을 해야 할지 헤매지 않았다. 목표와 계획은, 그냥 나오지 않는다, 나오게 만드는 것이라 믿는다. 이 책이 당신이 되고자 하는 방향으로 이끌어 줄 것이다.

2020년 11월
김주은 (러너제제)

CONTENTS

PART 3 달리기에 관하여

PART 4 나를 변화시킬 달리기 100일

RUNNER'S
DIARY

"땀이 식으며 밀려오는 낯선 추위가 반갑게 느껴졌다.
그제야 내 몸에 시간이 흘렀고
그렇게 나는 달리기를 시작했다."

PART 1

러너의 탄생

PART 1

러닝시작

나의 시간은 멈춰 있었다

동틀녘의 이른 새벽, 해를 보기도 전에 갑갑한 지하철에 오른다. 바쁜 걸음으로 사방이 막힌 지하통로 엘리베이터를 지나 하루 중 대부분의 시간을 보내는 사무실로 출근한다. 업무에 집중할 수 있도록 최고의 시설을 갖춘 사무실, 창문은 항상 빛을 차단하는 블라인드가 처져 있다. 눈감은 창문들 사이에 앉아 묵묵히 일을 하고, 같은 건물 지하 식당가에서 점심을 먹고, 오후 업무를 하고, 야근을 한 뒤 늦은 밤 부랴부랴 집으로 가는 지하철로 향한다. 그리고 채 몇 시간이 지나지 않아 해가 다 뜨기도 전에 지하철을 탄다. 나는 그저 매일 작은 상자에서 큰 상자로 이동할 뿐, 언제나 상자 속에 있었다.

인턴에서 사원으로, 사원에서 대리로 그리고 과장으로. 사회생활 5년차에 얻은 명함의 무게는 남들보다 묵직했다. 나의 가치를 증명하고 기회를 잡기 위해 스스로를 얼마나 쏟았던가. 전문적인 일, 연봉상승, 고층 빌딩 사무실, 빳빳한 정장, 보장된 미래…. 아, 미래를 생각하니 막막하다. '나, 앞으로도 계속 이렇게 살아야 하는 걸까? 아, 이 네모세상, 상자에서 탈출하고 싶다.'

집으로 돌아와 침대에 피곤한 몸과 함께 우울감을 뭉갠다. 감기는 눈꺼풀 위로 오랫동안 보지 못했던 푸른 하늘을 떠올렸으나 곧 암전 되었다. 그렇게 또 생각만으로 하루가 지났다.

2017년 11월의 어느 겨울 날, 문득 퇴근길에 본 밤하늘의 달이 또렷하다. '예쁘다. 오늘 만월인가봐. 마지막으로 봤던 달도 만월이었던 것 같은데. 해는 언제 마지막으로 봤더라? 아… 오늘이 며칠이지?' 답답한 마음에 멈춰서 거리를 오가는 사람을 바라본다. 두툼한 패딩을 입은 사람들 사이에 나홀로 얇은 재킷을 입고 있다.

내 삶의 상자들은 안정적이어서 겨울엔 따뜻하고 여름엔 시원했다. 그 덕에 내 옷은 언제나 비슷한 두께의 정장이었다. 속절없이 흐르는 시간 속에 사람들의 옷차림은 계절에 맞게 변하는데도 나는 항상 그대로였다. 나만이 멈춰진 시간 속에 살고 있는 것 같았다.

'오늘은 추운가 더운가? 여름인가 봄인가? 내 나이가 몇이었더라? 내 취미는? 특기는? 요즘 문화생활 트렌드는?'

한 번 시작된 의문은 계속해서 꼬리에 꼬리를 물고 커졌다. 일에 대해서라면 바로 대답을 하는데, 이런 세상 돌아가는 일과 나에 대해선 좀처럼 답을 할 수 없는 내 모습이 안타깝게 느껴졌다. 내가 나를 돌보지 않으면 어떻게 하나. 내가 나를 놓으면 어쩌나. 나를 사랑해보자. 노력하자.

며칠 뒤, 어김없이 야근을 했던 밤. 하늘에 별이 총총하다. 하나, 둘, 셋. 반짝이는 별들을 여유롭게 세며 동네 트랙으로 향했다. 구두를 벗고 가방에 넣어온 운동화로 갈아 신었다. 지금 생각하면 아주 짧은 거리의, 그러나 그 당시엔 마라톤하는 것만큼 길게 느껴졌던, 달리기를 시작했다.

숨이 찼다. 추운 겨울바람과 달리 뜨겁게 달아오른 몸 주변엔 모락모락 김이 피어 올랐다. 컥컥 거리는 숨을 토해내며 웃었다. 몇 년 만에 느끼는 숨이 찬다는 느낌과 땀내가 신기했다. '맞아. 땀은 더울 때만 나는 게 아니었지. 지금은 겨울이야.' 땀이 식으며 밀려오는 추위가 반갑게 느껴졌다. 아아, 그제서야 내 몸에 시간이 흘렀다. 그렇게 나는 달리기를 시작했다.

PART 1

러닝동기1 체력증진

매일이 피곤하지 않으면 했다

"걸보기에만 좋은 몸 말고, 실용적인 신체를 가지고 싶다.
달리기를 잘 하든, 회사 정수기물을 잘 갈든,
애완묘와 미치도록 신나게 놀아줄 수 있든
그런 쓰임새 있는 몸을 가지고 싶다. **그러니까 한다. 해본다.**"

– 2018. 7. 25 / 10km를 달린 후 / 트랙에서

'땀을 더 흘려보고 싶다' 라는 생각이 '운동을 하자'라는 목표로 변하게 된 것은 순식간이었다. '매일이 피곤하고 피곤해. 퇴근하고 집에 오면 손 하나 까딱 할 수 없는데… 오늘 달리기를 했으니 내일은 더 피곤하겠구나.'

처음 달리기 후 침대에 누워서 한 생각이었다. 그런데 다음날, 눈이 말똥말똥하다. 오히려 익숙하지 않은 근육통에 다리를 절뚝이면서도 고개

를 갸웃거렸다. 버스에서도 잠이 오지 않았다. 언제나 기절하듯 곯아 떨어지고, 출근해서는 아메리카노를 두 잔은 마셔야 정신이 들었었는데 그날은 근육통으로 몸이 아팠지만 정신은 개운했다. 순간 언젠가 지나면서 본 홍보문구가 생각났다. "운동을 하면 하루가 개운해요!" 그때는 심드렁하게 넘겼는데, 몸소 겪어보니 무릎과 이마를 탁! 칠 문구였다. 그때부터 나는 구체적인 운동계획을 세우기 시작했다.

PART 1

러닝동기2 다이어트

동경을 현실로 이루다

"가벼워지면 어떤 느낌일까?

걸을 때 마다 느껴지는 이 불쾌한 묵직함이 사라질까?

겪어보고 싶었다.

가볍고, 가뿐한 느낌을. 그럼 내 삶도 활기찰 수 있을 것 같아서.

옷을 하나만 입고 싶었다.

펑퍼짐하거나 장식을 넣어서 시선을 분산시키는 옷 말고,

그냥 가볍게 얇은 것 하나만.

살을 빼고, 거추장스러운 옷들을 모두 버렸다.

이젠 가볍다. 몸도 집도 인생도

- 2018. 12. 20 / 옷장정리를 하며

언젠가부터 미디어 매체 속 화려한 사람들을 삐뚤어진 시선으로 바라보기 시작했다. '저들은 외모가 곧 직업이니까 잘난 것이 당연해. 누군가 관리를 해 주는 거겠지? 분명 성형외과에서 무언가를 했을 거야. 요즘 의학의 힘 대단하네.' 악의적인 생각은 점점 도를 넘어섰다.

저들과 나는 다르다. 나는 사무실에 앉아서 일하는 직장인이고, 저들은 외모를 보이는 게 직업인 거니까, 나와 다른 것이 당연하다. 그렇게 애써 합리화 해왔는데 점점 직장과 일상생활에도 범접할 수 없는 몸매와 건강미를 갖춘 사람들이 보였다. 더 이상 그들과 나의 직업차이를 언급하며 변명할 수 없었다.

나는 장시간 앉아 일해서 항상 다리 부종이 있었고, 배와 엉덩이 주변의 살을 가리기 위해 항상 펑퍼짐한 치마를 입었다. 힘들게 걷는 것을 피하고자 언덕집에서 평지에 있는 곳으로 이사하기까지 했다. 밤마다 '나만의 휴식'을 핑계로 야식과 술을 마시며 TV속 건강한 외모의 이들을 비꼬는 것이 일상이 된 못난 사람. 난 그런 사람이었다.

'더 이상 내 게으름을 외면하지 말자. 스스로가 원하는 모습으로 변한다면, 나의 이 비겁하고 못된 내면도 바뀔 수 있을거야'

늦은 퇴근이 잦아 퇴근 후 헬스장에 가면 이미 문이 닫혀있었고, 운동을 하더라도 대중교통이 끊길 것 같았다. 러닝화도 없고…, 그렇게 합리화를 시작하니 끝이 없었다. 고개를 저으며 잡념을 떨쳐냈다. 그리고 잠옷으로 입던 늘어진 티셔츠와 밑창이 딱딱한 운동화를 신고 무작정 대문을 나섰다. 지금 내게 멋진 운동화와 운동복은 필요하지 않았다. 합리화에서 벗어나는 것이 더 급했다.

쉽지 않았다. 숨이 턱 끝까지 차고, 전신이 떨리고, 집으로 돌아오는 길에 헛구역질을 계속 했다. 샤워를 할 땐 어지러움증에 한참을 앉아 있어야 했다. 나중에야 그 증상은 운동 초기에 많이 겪는 것으로, 갑자기 혈류량이 근육과 장기에 쏠리면서 생기는 일시적 현상인 걸 알았지만 그 땐 너무 당황했었다.

다음날도, 그 다음날도 하고자 한 결심들을 해내면서 점점 자신감과 자기애가 쌓이면서 목표도 구체화되었다. 당시의 내 첫 목표는 다음과 같았다. '몸무게를 5kg 감량하고, 근육량을 3kg 늘리고, 1시간을 쉬지 않고 뛸 테다' 그리고, 4개월 뒤 나는 목표 달성하였고 새로운 목표를 세웠다.

PART 1

러닝동기3 기록향상

오늘의 나는 어제의 나와 대결한다

"터질 듯 붉어진 얼굴, 수분이 빠져 푸석해진 피부에 진 주름이 좀처럼 회복되지 않는다. 햇빛이 낙인처럼 찍은 주근깨 사이로 하얗게 올라온 선크림과 땀이 맺혀있다. 과도하게 펌핑되어 부어오른 다리를 절둑거리며 바닥에 앉아선, 너덜거리는 발톱과 발끝에 맺친 피물집을 피해 조심히 신발을 벗는다. 그럼에도 그만 둘 수 없는 것은, 최선을 다 했을 때 느껴지는 자기애 때문이다. 공부나 일 등의 무형적 사고를 키우는 것에 부족함을 느끼고 자책하며 **스스로를 미워하고 슬퍼했던 텅빈 마음이 조금이나마 채워지지기 때문일 것이다."**

2019.2.14. / 달리면서

달리기를 시작하면서 '거리'에 대한 감각과 기준이 세워졌고 '시간'을 초

단위로 보게 되었고, '노력'에 대한 도전의식이 생기기 시작했다. 신기했다. 달리기를 하기 전에는 보지 못한 숫자의 세상이 펼쳐졌다. 10km를 50분 이내에 들어오는 것과 49분 이내에 들어오는 것의 차이를 인식하기 시작했다. 단 몇 초의 차이가 분을 바꾸고, 기록의 앞자리를 바꿨다.

49분 59초에 완주하더라도 앞자리가 4라면 50분대 주자가 아닌, 40분대 주자가 될 수 있었다. 점차 초 단위를 줄이는 것은 나에게 하나의 놀이가 되기 시작했다. '오늘은 1초를 줄여보자. 어어, 아까보다 2초가 늘어났네? 그럼 이번엔 3초를 줄여보자!' 호승심이 돌았다. 반드시 스스로를 이기고자 매일 나의 기록과 싸웠다. 다른 사람도 아닌 '어제의 나'와 '오늘의 나'의 대결이었다. 어떨 땐 생각지도 못한 기록을 내면서 이길 때도 있었고, 질 때도 있었다. 부진한 기록을 낸 날에는 시무룩한 마음으로 실패요인을 짚어 보며 후일을 기약했다. 간발의 차로 실패한 날은 끊임없이 스스로에게 질문을 던졌다. '난 최선을 다했던가? 정말? 그때 그냥 스스로와 타협한 건 아니었나? 할 수 있었을 텐데, 힘들고 못한다고 지레 포기했던 건 아니었나? 다음 번에는 최선을 다 해보자.' 그것이 반복되면서 '최선'과 '노력'에 대한 정의도 점차 바뀌게 되었다.

'오늘의 난' 최선과 최대의 노력을 했다 생각했는데, 다음날의 나는 더 많은 노력을 할 수 있었고 그 다음은 그것보다 더 열심히 할 수 있었다. 나는 생각 이상으로 끌어낼 수 있는 한계치가 높은 사람이었다. 노력이 나의 '최대' 한계치를 늘렸다. 달리기뿐만 아니라 내 삶의 다른 부분도 사실 더 잘 할 수 있었던 것은 아닐까? 나는 훨씬 더 강하고 멋진 사람이 아닐까?' 노력에 대한 기준이 달라지니 일상도 변했다. 나는 점점 모든 일상에서 노력하고, 탐구하고, 노력하고, 잘하는 사람이 되어갔다.

물론 노력에도 불구하고 기록갱신에 실패할 때도 있었다. 그땐 스스로에게 되묻는다. '나는 이번에도 최선을 다해 노력했는가? 최선을 다 했음에도 실패했다고 말할 수 있는가?'라는 물음에 이내 '아니. 이번에는 실패. 그러나 다시 도전'이라 답한다. 실패하더라도 후회없이 '최선을 다했어'라고 할 수 있을 때까지. 그때까지 나는 계속 도전할 것이다.

달리기를 시작하고 성별, 지역, 나이, 직업을 초월하여
다양한 사람들과 우정을 쌓았다.
'나와 같은 걸 느끼는 사람들' 이란 공감대를 느끼는 순간,
달리기는 더 이상 혼자만의 고독한 운동이 아니었다.
- 함께 달리며 공감하고, 감동하고, 응원하면서 -

한 바퀴에 기모후드티를 벗고,
다음 바퀴 때 바람막이를 벗었다.
멈추지 않으니 춥지 않았다.

- 2020년 2월 8일 / 어느 추운 날 / 잠실보조경기장 트랙에서 -

RUNNER'S
DIARY

"구체적인 단어와 문장으로 기록하고
목표를 분명히 하였을 때
막연했던 바람은 현실이 된다."

PART 2

러너스 다이어리 활용법

PART 2

매일을 기록해야 하는 이유

"바로 옆에서 달리지 않아도, 같은 공간에서 누군가 달리고 있다는 것만으로도 엄청나게 마음이 든든하다. 트랙 53바퀴를 돌았다. 30바퀴 때 물을 마신다. 44바퀴, 물 마시며 계속해서 달리고 있는 친구들을 바라본다. 씩, 웃으며 **나도 다시 달린다.**"

- 2019. 10. 9 / 트랙에서

'막연하게 달린다'는 것은 목적지는 있지만 그곳이 지금 나에게서 얼마나 멀리 떨어져 있는지, 또는 어떻게 가는 것이 가장 즐겁고 효율적인 길인지 모른 채 가는 것이다. 언젠간 목적지에 도착할 수도 있겠지만, 중간에 길을 잃거나 끝모를 여행에 지쳐 목적지로 가는 것을 포기할 수도 있다. 그래서 난 매일을 기록하며 나아가고 있다.

매일의 기록은 객관적 지표가 되고, 이는 강력한 동기부여가 된다. 매일매일의 성취감을 줄 작은 목표를 설정하고 달성해보자. 꾸준히 한다는 것, 매일 무언가를 이루고 있다는 것을 충족감을 느끼는 순간 자존감도 올라간다.

나의 기록들, 나는 어떤 사람인가?

나는 어떤 달리기를 하고 있는가? 무엇을 좋아하고, 어떤 습관을 가지고 있고, 생활은 어떠한가? 무엇에 스트레스를 많이 받는가? 느낌, 감정, 생각 등 감정표현을 어떻게 하고 있나? 단순 운동기록만이 아닌 나를 돌아보는 질문에 답해보자. 나에 대해 알고, 내가 진정 바라는 것이 무엇인지 알아간다면 적극적으로 목표를 구체화하여 달릴 수 있을 것이다.

날 위한 훈련법, 나의 생활에 적합한 훈련법은?

100일간 당신은 계속해서 스스로를 파악하며 매일의 미션을 수행할 것이다. 유독 달리기가 힘들었던 날, 어떤 상태였나? 오버트레이닝한 다음 날은 어땠던가? 스트레스가 있거나 수면이 부족했을 때의 달리기 퍼포먼스는 어땠는지 등에 대한 데이터들을 객관적으로 볼 수 있게 된다. 훈련법은 초기 계획과 달라질 수도 있다. 매일이 쌓여 스스로를 파악하고 분석할 수 있을 때, 훈련법은 수정하고 개선되면서 점차 나에게 최적화될 것이다.

러너스 다이어리는 노력, 성과, 운동효과 등의 눈에 보이지 않는 것을 구체적인 단어와 문장으로 기록하게 하여 당신이 포기하지 않고 달려갈 수 있도록 돕는다. 그리고 왜 그런 기록이 나왔는지, 무엇이 부족했는지, 나는 어떤 것을 원하는지, 원하는 것을 위해서는 어떻게 해야 하는지에 대해 스스로 생각할 수 있도록 끊임없이 질문을 던진다.

PART 2

달리기 계획 세우기

달리기를 할 때 '거리', '강도(또는 속도)', '빈도', '일관성'의 4가지 요소를 고려해보자. 핵심 요소 중 거리와 강도를 조절한다면 평소 달리던 것과 다르게 변칙적인 달리기를 하게 되면서 다양한 훈련을 하게 되고, 실력적으로 더 나은 결과에 이를 수 있다. 달리기의 빈도와 일관성을 체크하는 것은 목표 달성을 위한 꾸준함을 체크하는 판단척도가 된다. 위 4가지 핵심 요소를 수치화하며 적어보자. 달리기에 대한 스스로의 역량을 객관적으로 파악할 수 있고, 막연하게 느껴졌던 목표를 구체적으로 구상하는 데 도움이 된다.

달리기 전 고려해야 할 4가지 핵심 요소

거리

달리는 거리를 점진적으로 늘린다면 심폐 지구력도 향상된다. 달리는 거리를 늘릴 때는 몸에 무리가 가지 않도록 단계적으로 진행한다. 근육은 훈련을 통해 손상과 회복을 반복하며 강해지므로, 한 번 거리를 늘리면 반드시 일정이상 휴식 후 진행하는 것이 좋다.

강도(또는 속도)

같은 거리를 더 빠르게 달리는 것, 또는 평평한 지형이 아닌 고도차가 있는 곳을 힘들게 뛰는 것 등으로 강도를 조절할 수 있다. 달리기의 강도가 낮다면 유산소 운동으로 구분되며, 심폐기능과 지구력이 발달될 수 있다. 반면에 달리기의 강도가 높다면 무산소성 운동으로 구분되고 근육의 파워가 증가할 수 있다.

빈도

주당 달리기 횟수를 정하자. 달리기의 거리와 강도를 적절하게 설정했다 하더라도 빈도가 충족되지 않는다면 좋은 효과를 기대하기 어렵다. 성공적인 목표 달성을 위하여 주 3일 이상 달리는 것으로 계획하고, 각자의 라이프 스타일과 목표에 맞게 강도와 거리를 설정하는 것이 좋다.

일관성

현재의 생활 패턴을 분석하여 자신의 신체리듬 또는 생활리듬을 파악해 보자. 신체는 수면, 식사, 배설, 호르몬 분비 등의 생리적 기능을 규칙적으로 반복하고 우리는 이를 신체리듬이라 한다. 이 리듬이 무너지면 우리의 몸은 기능을 제대로 발휘하지 못할 수 있다. 달리기를 할 수 있는 시간대를 확실하게 정하여 훈련하자. 달리기 시간이 너무 자주 바뀐다면 몸의 리듬이 깨져 회복이 더뎌지거나 피로감을 느낄 수 있다.

목표 설정하기 ① 스스로에게 질문하기

그냥 지내는 것도 힘든데, 나는 왜 지금 이 시간 노는 것도 마다하고 달리러 나가는 것인가? 왜? 달려야 하는 이유에 대한 답은 여러 가지일 수 있다. 달리기를 통해 살을 빼고, 체력을 증진시키고, 대회에서 기록을 내고. 명확한 목표는 원동력이 되어 힘들고 포기하고 싶은 순간에도 당신을 계속 달리게 할 것이다.

목표는 구체적이고 성공여부 측정이 가능해야 한다.

체력증진, 다이어트, 기록갱신 등의 다양한 이유를 설정했다면 보다 구체적으로 측정할 수 있도록 조건을 추가해보자.

A 체력증진이 목표라면

1시간 동안 10km를 멈추지 않고 달리기, 마라톤 풀코스 42.195km 완주

B 다이어트가 목표라면

체지방 4kg 감량, 근육량 3kg 증량, 의류 사이즈 작은 것 입기

C 기록갱신이 목표라면

10km 43분 이내 달리기, 평균 페이스 4분대로 달리기

현실적으로 가능한 목표를 설정하라.

목표가 지나치게 높아서 몸에 무리를 주거나 삶의 패턴이 망가진다면 쉽게 포기할 수 있다 . 목표를 실현가능한 것으로 설정한다면 프로젝트가 진행될 수록 성취감도 생기고 목표 달성에 대한 의욕도 높아질 것이다.

큰 목표 달성을 위한 작은 목표 달성으로 성취감 느끼기

A 나는 10km를 달리는게 목표야! 그러니 오늘도 열심히 달려야지

B 나는 10km를 쉬지 않고 달리기 위해, 오늘 4km를 꼭 완주할 것이다

C 나는 10km를 100일 뒤 쉬지 않고 달리기 위해, 오늘 4km를 30분 이내 꼭 완주 할 것이다

A~C의 목표는 동일하나, 그 과정과 결과는 천지차이일 수 있다. 우선 큰 목표를 잡아보자. '언젠가 10km 달리기'와 '100일 뒤 10km 달리기' 는 다르다. 목표가 구체적일수록 과정도 모호해지지 않으며 행동 방향을 명확하게 제시해준다. 더불어, '100일 뒤' 같은 시간 제한적인 목표를 정할수록 당신은 구체적인 전략을 짜고 한정된 시간과 자원을 적절하게 분배할 것이다.

그 다음은 큰 목표를 달성하기 위한 작은 목표를 계획하고, 달성해보자. 작은 목표를 세울 때는 구체적 숫자가 명시되어야 달성유무가 분명

해지며. 실행력이 생긴다. 그러므로 달리는 거리, 속도, 빈도수 등을 이용해서 설정해본다. 수치화된 작은 목표들을 달성한다면 성취감과 큰 목표를 달성할 수 있으리란 자신감을 부르고, 실패하더라도 이를 교훈 삼아 다음의 목표를 달성 가능한 것으로 수정하고 그에 따른 단계별 훈련을 계획할 수 있다.

목표에 대한 예시

큰 목표

- 나는 언젠가 42.195km를 완주할 것이다. ⊗
- 나는 100일 뒤 42.195km를 4시간 이내로 달릴 것이다. ◎

중간 목표

- 나는 장거리 훈련을 한 번 할 것이다. ⊗
- 나는 이번 30일 간 21km 이상 거리를 달리는 장거리 훈련을 2회 완료 할 것이다. ◎

작은 목표

- 나는 오늘도 달릴 것이다. ⊗
- 나는 오늘 천천히 달릴 것이다. ⊗
- 나는 오늘 빠르게 달릴 것이다. ⊗
- 나는 오늘 10km를 달릴 것이다. ◎
- 나는 오늘 10km를 달리는데, 5km를 35분 이내로 달리고 남은 5km는 25분 이내로 달릴 것이다. ◎
- 나는 오늘 완전 휴식을 하고, 내일 10km를 50분 이내로 달릴 것이다. ◎

중간 목표, 작은 목표를 달성한다면 점차 몰입하게 되며 큰 목표를 향해 나아갈 수 있다. 목표 달성들은 작은 성취감으로 쌓인다. 성취감은 자신감을 가져오고, 자신감은 더욱 더 큰 목표를 향하여 달리도록 만들 것이다.

Running Note

나만의 달리기 목표 세우기

꼭 100일동안 한 가지 목표일 필요는 없다. 다만 큰 목표/중간 목표/작은 목표 등 달리기 목표를 3단계로 세분화하여 매일, 주별, 월별, 분기별로 점검할 수 있도록 한다.

- **각각의 목표를 적어본다.**

  큰 목표 / 중간 목표 / 작은 목표

- **100일 달리기 목표를 이루기 위한 나만의 원칙을 세워본다.**

- **중점적으로 두고 싶은 부분**

  핵심요소 □거리 □강도(또는 속도) □빈도 □일관성

  목표 □체력증진 □다이어트 □기록향상

목표 설정하기 ② 달리는 구체적인 목적 파악하기

목적에 따른 목표설정은 크게 '체력증진, '다이어트', '기록향상'을 들 수 있다. 달리는 목적에 따라 그 목표 설정 방식이 다르다. 체력증진을 목표로 한다면, 일정거리 이상을 꾸준히 달려 지구력을 향상시키고자 자신이 목표로 한 거리 '완주'에 초점을 둔다. 다이어트는 '체중', '체지방량', '골격근량' 등의 감량 혹은 증량의 목표를 세운다. 이때 필요한 훈련은 지구력 증진과 파워의 동시상승이므로 자신의 한계치 이상의 고강도 달리기와 저강도의 오래 달리기를 번갈아 실시해야 한다. 기록향상은 보통 대회를 목표로 하기 때문에 '일정거리'를 얼마만큼의 시간대로 '단축'하느냐가 관건이다. 따라서 목표도 거리대비 시간으로 구체적으로 정한다. 다음 예시를 통해 자신만의 목표를 설정해보자.

목적에 따른 예시

• 체력증진을 위한다면

난이도 ★ 10km를 75분 이내에 달리기

나만의 원칙 5km지점 때 급수하기, 걷는 것보다 느려질지라도 달려서 완주하기

난이도 ★★ 21km를 2시간 10분 이내에 달리기

나만의 원칙 3km마다 급수하기, 10km까지는 천천히 달리도록 노력하기, 10km부터는 빠르게 달리기

난이도 ★★★ 42.195km를 5시간 이내에 완주하기

나만의 원칙 3km마다 급수하기, 15km지점 때 이온음료 마시기, 느릴지언정 걷지 않기

• 다이어트를 위한다면

난이도 ★ 체중 5kg 감량

나만의 원칙 일주일에 한 번 체중재기, 일주일에 3회 이상 지속주 5km이상 달리기

난이도 ★★ 체중 5kg 감량, 골격근량 +1kg, 체지방량 - 6kg 감량

나만의 원칙 일주일에 1회 고강도 인터벌 달리기 하기, 3회 이상 지속주 5km이상 달리기

난이도 ★★★ 체중 7kg 감량, 골격근량 +1kg, 체지방량 -8kg 감량

나만의 원칙 일주일에 1회 고강도 인터벌 달리기 하기, 2회 이상 지속주 5km이상 달리기 1회는 12km이상 달리기

• 기록향상을 위한다면

난이도 ★ 10km를 50분 이내 달리기

나만의 원칙 트랙에서 25바퀴 측정으로 달리기

난이도 ★★ 21km를 1시간 40분 이내 달리기

나만의 원칙 5km마다 급수하기, 주1회 15km이상 달리기

난이도 ★★★ 42.195km를 3시간 30분 이내 완주하기

나만의 원칙 느릴지언정 걷지 않기

Running Note

나만의 달리기 원칙 세우기

매일 작은 원칙들을 세워 그날의 목표 달성에 이룰 수 있도록 한다.

ZEZE'S TIP

일상 생활 속 달리기

"목표는 단지 계기가 될 뿐, 달리기는 즐겨야만 계속 할 수 있다."

우리는 더 나은 건강, 체력증진, 다이어트, 기록향상 등 각자의 이유로 운동을 시작한다. 수많은 운동방법 중 접근성이 쉽고, 전신운동이면서 거창한 것이 필요치 않는 달리기를 선택하고 목표를 달성하기 위해 달린다.

'난 꼭 목표를 달성할 거야!' 주먹을 꼭 쥐고 의지를 다지며 달리지만, 곧 의구심이 든다. '너무 힘들고 지치는데. 지루하고. 얼마나 더 이렇게 뛰어야 목표를 달성할 수 있는 걸까? 목표를 달성하면 안 뛰어도 될 텐데.'

만약 당신이 매일 원하는 바를 이루기 위해 달리지만, 이 모든 것이 위의 상황처럼 그저 목표를 이루기 위한 과정으로 느낀다면 금방 포기할 수도 있다. 싫어하는 것을 어쩔 수 없이 지속하는 것만큼 스트레스가 쌓이는 것은 없기 때문이다. 성공적인 목표 달성을 위해서는 과정을 즐겨야 한다. 재미있고, 생각만 해도 웃음이 나오는 '즐거운 일상'이 되어야 한다. 일상 속에서 달리기의 즐거움을 찾는 방법은 다양하다. 달리기는 시간을 내야하는 것이라 생각하지 말고 일상 생활 속 달리기를 시도해보자!

첫째, 시간을 쪼개어 쪽 러닝 하기

- 이른 아침, 단 15분이라도 집 주변을 달리고 출근해본다.
  - » 출근 전 운동이라니, 예전이라면 상상도 못했을 것을 해낸 자신이 대견하고 뿌듯하다.
- 점심시간, 숨이 차지 않을 정도로 가볍게 15분 달린 후 점심을 먹는다.
  - » 오후 내내 활력이 감돈다. 졸리지도 않고, 운동효과로 식욕도 조절되어 적당하게 먹어 전신이 가볍다.
- 주말, 생필품을 사러 대형마트에 가기 위해 나서선 버스를 타지 않고 달려 가본다. 평소라면 버스를 타고 이동할 거리를 뛰어 가 보자.
  - » 달리기가 일상이 되고 있는 것 같다. 그저 목표 달성만을 위해 운동하는 것이 아닌, 실질적으로 쓰이는 체력을 구비하게 된 것 같아서 신기하고 뿌듯하다.

둘째, 다양한 장소에서 달리기

- 한강(또는 개천, 하천)의 바람과 야경을 느끼며 달려본다.
  - 》 강변에서 느껴지는 수분감 있는 바람과 도시의 화려한 조명을 배경 삼아 달려본다.
- 여행지에서 달려본다. 쉬는 날 바다로, 산으로, 시골로, 유명 관광지로 떠나보자.
  - 》 새로운 지형, 문화, 색깔 등등을 보며 달린다. 간혹 신기하거나 구경하고 싶은 것이 있다면 멈추고 사진을 찍기도 하며 달리기여행을 해보자.

셋째, 사람들과 함께 달리기

- 두 명이 달리거나 그룹으로 함께 달려본다. 때로는 담소로 공감대를 나누며 달리기도 하고, 함께 달리는 사람들과 경쟁하듯 앞서거니 뒤서거니 하면서 새로운 재미를 찾는다.
  - 》 혼자 달릴 때는 빨라지고, 지치면 느려졌었는데 함께 달리면서 옆 사람의 속도와 리듬에 맞추며 체력에 상관없이 일정한 속도를 유지하는 것을 몸에 익힐 수 있다.
- 다른 사람들의 목표와 그것을 이루기 위한 노력을 공유하며 동기부여와 운동 자극을 받는다.
  - 》 매일 반복되는 달리기를 하고 있었는데 비슷한 목표를 가진 다른 사람들의 노력과정을 공유하면서 다양한 훈련법을 알게 되었다. 하나씩 실제로 해 보며 훈련결과를 공유하고 서로 응원하는 일이 반복되었고, 나는 왜 이런 결과가 나왔는지, 문제점이 무엇이었는지를 다른사람의 사례를 통해 알게 되었다.

넷째, 시간대를 다르게 달리기

- 새벽, 한낮, 저녁에 느껴지는 습도, 공기, 소리의 차이를 몸소 느끼며 새로움을 느낀다.

이처럼 각자의 방법으로 재미를 찾으며 달리기가 일상이 되었을 때, 그때야말로 목표를 달성할 수 있는 진정한 원동력을 가졌다 할 수 있다.

컨디션 체크하기

어떤 날은 달리기도 잘 되고 몸도 가볍다. 아픈 곳도 없고 쌩쌩하다. 이런 느낌이 계속된다면 매일 달릴 수 있을 것 같다. 그런데 어떤 날은 전신이 묵직하다. 다리가 땅에 붙어 있는 것 같고 기분도 우울하다. 왜 그럴까? 어떻게 하면 매일 좋은 컨디션을 유지할 수 있을까? 답은 스스로의 상황을 돌아보는 것에 있다.

운동화

첫 번째로는 장비와 복장을 체크해본다. 일단 운동화를 벗어 들어보자. 혹시 밑창이 너무 닳거나, 한 쪽만 닳아서 균형이 삐뚤어지진 않았나? 신발 쿠션이 죽어 납작해져 있진 않은가? 뒤꿈치를 감싸는 부분이 구겨져 제 기능을 못하진 않나? 밑창이 닳아 불균형하고, 쿠션이 죽은 신발만큼 위험한 것은 없다. 신발이 제 기능을 하지 못하여 달리기 시 지면에 닿는 충격을 모두 신체가 부담하여 쉽게 피로해지거나 부상이 야기될 수 있고, 근육이 불균형하게 발달될 수도 있기 때문이다.

복장

이번엔 신발을 내려놓고 복장을 점검해보자. 복장은 달릴 때와 달린 후로 구분된다. 달릴 때는 달리는 날의 기온에 필요하다고 생각하는 것보다 조금 더 얇게 입는 것이 일반적이며, 만일 아주 가볍게 입는다면 심장 부근은 따뜻하게, 팔다리는 가볍고 시원하게 입는 것을 추천한다.

달리는 동안 땀으로 축축해진 옷에 추위를 느끼게 될 수 있다. 이 상태가 오래되면 감기에 걸릴 수 있으므로 옷을 달리기 이후에는 갈아입거나 보온용품으로 체온을 보온해야 한다. 또는 반대로 너무 덥진 않았는지도 확인해보자. 간혹 다이어트를 위해 땀을 많이 내야 한다며 통풍이 전혀 되지 않은 땀복을 입고 달렸다가 빠지지 않는 열기에 어지러움증을 호소하는 사람들이 있다. 땀을 많이 흘려 각종 신체의 독소를 빼내려는 시도는 좋지만, 혹시 그것이 몸에 과부하를 줄 수 있다.

달리는 장소

그 다음은 달리는 장소를 체크해보자. 혹시 노면이 너무 딱딱하진 않았나? 충격흡수가 전혀 되지 않는 딱딱한 아스팔트를 장시간 달릴 경우 그 충격이 발목, 골반을 넘어 어깨까지 강타할 수 있다. 쌓인 충격에 전신이 피로도를 호소하진 않는가? 또는 경사면이 너무 급격하진 않았나? 언덕 훈련과 내리막 훈련은 다양한 근육을 사용하기에 좋지만, 급격한 경사의 언덕일 경우는 장딴지 앞면의 근육이 과도하게 수축될 수도 있고, 내리막에선 무릎에 하중이 과도하게 가해 질 수도 있다.

생활습관

기본적인 달리기 상황을 체크해 봤는데도 모르겠다면, 평소 생활을 돌아보자. 달리기 이후 스트레칭을 충분히 했나? 물은 많이 마셨는가? 전날 마지막으로 무엇을 먹었는가? 운동할 때 통증이 느껴진 곳이 있었는가?

수면의 질은 어땠나? 최근 스트레스를 받고 있었나? 날씨는 어땠나? 등을 체크해본다. 그리고 컨디션이 좋아서 달린 후에도 활력이 돌았던 날과 유난히 달리기도 힘들고 끝난 후에도 전신이 방망이로 친 것처럼 아프거나 뻐근했던 날의 생활을 비교해보자. 달린 후의 컨디션은 당신의 생활패턴과 상황에 있으므로, 이를 알고 고쳐 나간다면 당신의 컨디션은 언제나 최상일 것이다.

달리기를 망설이게 하는 것들

주변의 유혹

운동장비, 건강한 신체가 준비되어 있음에도 달리기를 망설이게 하는 것이 있다. 쉬고, 놀고, 누군가를 만나고 싶고, 먹고, 책보고 영화를 보는 등의 다른 것들을 하고 싶은 욕심들. 우리는 이 욕심과의 싸움에서 이길 때도, 질 때도 있다. 그러나 나를 이기고, 이 욕심을 이겨내야 진정 내가 원하는 것을 쟁취할 수 있다. 눈 앞의 것을 탐하는 것보다 원하는 바를 해내는 것이 더욱 달콤한 것임을 알기에 우리는 매일 욕심과 싸운다. 당신은 매일 무엇과 싸우는가? 그리고 얼마나 이겨내는가?

사회적 역할과 책임

달리기에만 집중하면 좋겠지만, 현실은 녹록치 않다. 학생은 공부를, 회사원은 일을, 때론 가정을 돌본다. 하지만 한 사람에게 주어진 역할은 다양하기만 하다. 가족, 연인, 친구와의 관계도 있고 미래를 위한 공부도 있다. 이것들을 조화롭게 끌고가기 위해 모든 것을 다 할 수는 없으므로 우선순위를 정하기 시작한다. 직장에선 직업을, 성과를, 돈을, 관계에선 친구를, 직장동료를, 가족을, 연인을, 친구를, 동료를, 생활에선 유튜브를, 맥주한 잔을, 요리를, 잠을, 취미를… 모든 것은 선택이다. 그 누구도 '시간이 남아서 운동을 합니다'라고 말하는 사람은 없다. 시간은 만드는 것이고, 관계는 조절하는 것이다. 당신의 달리기를 망설이게 하는 것은 무엇인가? 삶을 어떻게 균형 있게 조절하고 선택할 것인가? 당신의 현재 우선순위는 무엇인가?

Running Note

운동할 때 나를 방해하는 요인

- 각자의 라이프스타일에 따라 운동 시간이 다를 것이다. 어렵게 확보한 운동 시간이지만 운동을 어렵게 만드는 요인이 있진 않은지, 그 요인은 내가 조절할 수 있는 것들인지 적어보자.

PART 2

러너스 다이어리 작성법

달리기를 처음 시작하거나 기초, 초급단계인 러너들은 비기너Biginner, 중급 이상은 에이스Ace로 구분하였으며 그 항목 예시에 따라 자신의 신체에 맞게 매일의 목표 및 원칙 등을 설정하면 된다. 100일 동안 질문은 데일리Daily, 위클리Weekly, 먼슬리Monthly, 쿼틀리Quarterly 등으로 나뉘며, 매일 네 가지의 질문이 수록되어 있다. 매일, 주차별, 월별, 분기별 등 각 시기에 적합한 질문으로, 답변을 작성함으로써 자신의 러닝패턴 및 생활습관 등을 점검할 수 있다. 누적될수록 자신만의 '러닝 데이터'가 완성된다.

100일은 다짐의 날(1일차), 워밍업 기간(2~8일차), 기초체력 강화 기간(9~31일차), 본격 달리기 연습 기간(32~50일차), 달리기 레벨업 기간(51~85일차), 영양 강화 기간(86~92일차), 컨디션 조절 기간(93~99일차), 목표 달성의 날(100일차)로 기간별로 중점을 둬야할 부분을 기록할 수 있도록 한다.

100일	목표 달성의 날(1일)
93~99일차	컨디션 조절 기간(7일)
86~92일차	영양 강화 기간(7일)
51~85일차	달리기 레벨업 기간(35일)
32~50일차	본격 달리기 연습 기간(19일)
9~31일차	기초체력 강화 기간(23일)
2~8일차	워밍업 기간(7일)
1일차	다짐의 날(1일)

달리기 전에는 하루의 목표 설정과 함께 신체의 컨디션뿐만 아니라 생활적인 면과 정신적인 면도 점검하여 달리기에 집중할 수 있도록 해본다 .

DAY 100

목표 달성의 날 달리기를 마무리하며

Before Running

- **오늘의 목표** ex 공통 8km 빠르게 달리기 / 에이스 18km 천천히 달리기
- **오늘의 원칙** ex 공통 최소 30분에 한 번씩 물 마시기

오늘의 중점 연습	운동 전 컨디션 체크
□ 거리 □ 강도 □ 보강운동 □ 회복	□ 좋음 □ 보통 □ 나쁨

- **어제보다 좀 더 나은 달리기를 위해 한 것들**
  ex 보강운동, 웨이트, 필라테스, 요가, 식단
- **달릴 때 신경 쓰이는 것들** (신체적인 면)
- **목표 달성을 멀어지게 하는 것들** (생활적인 면 / 정신적인 면)
  ex 가족관계, 회사일, 친구들과의 교류

Final Question 달리기를 마무리하며

- 멈추고 싶은 순간에 견뎌본 적이 있나요?
- 그 순간들을 어떤 마음으로 견뎠나요?

Before Running (달리기 전)

● 오늘의 목표

매일 '작은 목표'를 설정한다. 100일 후 이루고 싶은 큰 목표를 이루기 위한 과정이므로 세세하게 정하도록 한다.

● 오늘의 원칙

목표에 더욱 집중할 수 있도록 매일의 원칙을 정하여 크게 무리하지 않고 목표 달성에 이르도록 한다.

● 오늘의 중점 연습

거리, 강도, 보강운동, 회복 등 목적에 따라 설정한 중점 연습으로, 집중력을 높여 달리기 연습을 할 수 있다.

● 운동 전 컨디션 체크

늘 최상의 컨디션일수는 없다. 자신의 컨디션에 맞게 목표를 세우는 것은 장기적으로는 더욱 효과적이다.

● 어제보다 좀 더 나은 달리기를 위해 한 것들

달린 후 회복하는 것은 중요하다. 피로가 누적되지 않도록 달리기 이외 운동으로 풀도록 한다. 또한 필요한 에너지를 보충할 수 있는 식단도 조절해보도록 한다.

● 달릴 때 신경 쓰이는 것들

신체적인 면에서 신경 쓰였던 것들을 적어본다. 특히 달리는 자세를 꾸준히 점검하여 부상없는 달리기를 즐길 수 있도록 한다.

● 목표 달성에서 멀어지게 하는 것들

계획을 세웠지만 예상하지 못한 일들로 어그러질 때가 있다. 그런 것들을 파악하여 달리는 시간대를 옮기거나 일상 생활 속에서 달리기를 통해 목표 달성을 이룰 수 있도록 한다.

● Question

매일 달라지는 질문에 따라 자가점검을 할 수 있도록 한다. 누적될수록 자신에 대한 이해가 높아지며, 자신에게 맞는 목표를 구체적으로 세울 수 있게 된다.

달린 후에는 목표 달성을 체크할 뿐만 아니라 신체 전반적인 곳을 살펴볼 수 있도록 한다.

이소연

After Running »

거리	소요 시간	평균 페이스	총 누적거리
km	: :	:	km

- **목표 달성 여부**

☐ O ☐ X

- **운동 장소** ex 석촌호수 or 트랙 or 헬스장

운동 강도	운동 후 컨디션 체크
☐ 초특급힘듦 ☐ 힘듦 ☐ 적당함 ☐ 쉬웠음 ☐ 너무 쉬웠음	☐ 좋음 ☐ 보통 ☐ 나쁨

- **운동 후 수행 한 것**

스트레칭	☐ O	☐ X
웜업	☐ O	☐ X
쿨다운	☐ O	☐ X
보강운동	☐ O	☐ X

- **운동 후 통증이 느껴지 곳**

ex
아픈곳 그림에 체크,
어떤 통증인지
구체적으로 쓰기

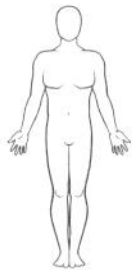

- **오늘의 한 줄**

ex 오늘의 목표 중 어떤 부분이 만족스러운가? 목표 달성을 하지 못했다면 어떤 이유 때문인가?

Daily Question

- 가장 약하다고 생각하는 신체 부위는 어디 인가요?

- 신체를 좌, 우로 나누었을 때 불균형 하다고 생각하는 부위는 어디 인가요?

After Running (달리기 후)

· 거리 / 소요 시간 / 평균 페이스 / 총 누적거리

오늘 달린 거리와 소요 시간, 평균 페이스를 통해 스스로 실력을 점검해 본다. 거리는 km, 소요 시간은 분(′)초(″)로 기록하며, 평균 페이스는 km당 시간을 적는다.

· 목표 달성 여부 □ O □ X

달리기 전 설정한 목표를 최종적으로 달성했는지 여부를 체크한다. 달성하지 못했다면 달리기 전 목표와 원칙이 무리가 되었던 것은 아닌지 살펴본다.

· 운동 장소

나만의 코스 이외에도 다양한 장소에서 달리며 각종 지형에 익숙해질 수 있도록 한다. 몸 컨디션에 따라 장소(지형), 거리 등을 선택할 수 있어야 한다.

· 운동 강도

운동 후 컨디션 상태와 통증 등 종합적인 판단척도로 강도를 체크해본다.

· 운동 후 컨디션 체크

신체적인 상태와 정신적인 상태 모두 고려하여 체크해야한다. 운동 중이라도 피로감, 통증, 어지러움, 우울감, 무기력증 등이 느껴진다면 중단해야 한다.

· 운동 후 수행한 것

달린 후에는 근육을 이완시키는 운동들을 하도록 한다. 상·하체를 나누어 스트레칭을 하거나, 온몸의 긴장을 풀기 위하여 하는 가벼운 맨손 운동 그리고 코어 둔근 등 달릴 때 필요한 근육을 보강하는 운동 등 필요에 따라 세부적으로 실시한다.

· 운동 후 통증이 느껴지는 곳

통증은 참는 것이 아니다. 통증을 느끼는 곳은 체크하여 다음 날 원활한 목표 달성에 이르도록 풀어준다.

· 오늘의 한 줄

달린 후엔 여러 가지 감정이 든다. 그 감정을 한 줄의 글로 표현하도록 한다. 그날의 감정을 잊지 않고 바로 적으면 더욱 좋다.

DAY 70

달리기 레벨업 기간

Before Running

- **오늘의 목표** ex **공통** 8km 빠르게 달리기 / **에이스** 18km 천천히 달리기

비기너 8km 빠르게 달리기

- **오늘의 원칙** ex **공통** 최소 30분에 한 번씩 물 마시기

최소 30분에 한 번씩 물 마시기

오늘의 중점 연습	운동 전 컨디션 체크
☑거리 ☑강도 □보강운동 □회복	☑좋음 □보통 □나쁨

- **어제보다 좀 더 나은 달리기를 위해 한 것들**
ex 보강운동, 웨이트, 필라테스, 요가, 식단

8시간 자고, 물 2L 마셨음

- **달릴 때 신경 쓰이는 것들**(신체적인 면)

오른쪽 종아리 근육통이 남아있음

- **목표 달성을 멀어지게 하는 것들**(생활적인 면 / 정신적인 면)
ex 가족관계, 회사일, 친구들과의 교류

야근할까봐 걱정됨

Daily Question 메인운동

- 멈추고 싶은 순간에 견뎌본 적이 있나요?

4km가 넘어가면 항상 멈추고 싶다

- 그 순간들을 어떤 마음으로 견뎠나요?

지금 멈춘다면 밤새도록 후회할 것 같아서 견뎠다.

때려치우고 집에 가고 싶었지만 나는 러너니깐, 최소거리라도 채우고 간다. 이소연

After Running

거리	소요 시간	평균 페이스	총 누적거리
8 km	0:49:20	6:10	180 km

- **목표 달성 여부**

☐ O ☐ X

- **운동 장소** ex 석촌호수 or 트랙 or 헬스장

집앞 강변, 평지

운동 강도	운동 후 컨디션 체크
☑ 초특급힘듦 ☐ 힘듦 ☐ 적당함 ☐ 쉬웠음 ☐ 너무 쉬웠음	☐ 좋음 ☐ 보통 ☐ 나쁨

- **운동 후 수행 한 것**

스트레칭	☑ O	☐ X
웜업	☐ O	☑ X
쿨다운	☑ O	☐ X
보강운동	☐ O	☑ X

- **운동 후 통증이 느껴지 곳**

ex 아픈곳 그림에 체크, 어떤 통증인지 구체적으로 쓰기

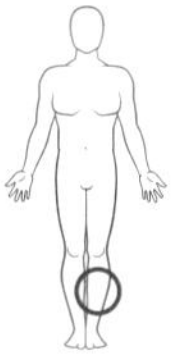

- **오늘의 한 줄**

ex 오늘의 목표 중 어떤 부분이 만족스러운가? 목표 달성을 하지 못했다면 어떤 이유 때문인가?

천천히 달렸는데도 몸이 묵직한 느낌이다. 내일은 회복에 전념해야겠다.

Daily Question

- 가장 약하다고 생각하는 신체 부위는 어디 인가요?

자꾸 팔이 좌우로 흔들린다. 앞뒤로 흔들고 싶다.

- 신체를 좌, 우로 나누었을 때 불균형 하다고 생각하는 부위는 어디 인가요?

앞 뒤로 흔드는 삼각근이 약한 것 같다. 어깨 보강운동을 해야겠다.

DAY 56

달리기 레벨업 기간

Before Running

- **오늘의 목표** ex **비기너** 6km 빠르게 달리기 / **에이스** 18km 보통 달리기

18Km 천천히 달리기

- **오늘의 원칙** ex **공통** 마지막 100m 질주하기

마지막 100m 질주하기

오늘의 중점 연습	운동 전 컨디션 체크
☑거리 ☑강도 □보강운동 □회복	☑좋음 ☑보통 □나쁨

- **어제보다 좀 더 나은 달리기를 위해 한 것들**
ex 보강운동, 웨이트, 필라테스, 요가, 식단

물을 2시간 간격으로 계속 마심, 요가함

- **달릴 때 신경 쓰이는 것들**(신체적인 면)

달리다 보면 어깨와 목이 끊어질 것처럼 아픔

- **목표 달성을 멀어지게 하는 것들**(생활적인 면 / 정신적인 면)
ex 가족관계, 회사일, 친구들과의 교류

달릴만한 장소가 너무 멀리있음(버스타고 20분)

Daily Question 메인운동

- 목표 달성을 위해 참고 있는 일상이 있나요?

잘 달리고 싶어서 야식을 끊었다.

- 나의 의지를 불태우는 외부적 요인은 무엇인가요?

주변 사람들이 "너는 못 할거야"
라고 할 때

After Running

거리	소요 시간	평균 페이스	총 누적거리
18 km	1:37:12	5:24	310 km

- **목표 달성 여부**

☐ O ☐ X

- **운동 장소** ex 석촌호수 or 트랙 or 헬스장

한강둔치 / 평지

운동 강도	운동 후 컨디션 체크
☑ 초특급힘듦 ☐ 힘듦 ☐ 적당함 ☐ 쉬웠음 ☐ 너무 쉬웠음	☐ 좋음 ☐ 보통 ☐ 나쁨

- **운동 후 수행 한 것**

스트레칭	☑ O	☐ X
웜업	☑ O	☐ X
쿨다운	☑ O	☐ X
보강운동	☐ O	☑ X

- **운동 후 통증이 느껴지 곳**

ex
아픈곳 그림에 체크,
어떤 통증인지
구체적으로 쓰기

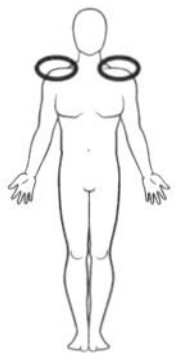

- **오늘의 한 줄**

ex 오늘의 목표 중 어떤 부분이 만족스러운가? 목표 달성을 하지 못했다면 어떤 이유 때문인가?

후반부로 갈수록 느려졌지만 멈추지 않고 끝까지 가서 만족스럽다.

Daily Question

- 달리면서 가장 집중되었던 순간은 언제였나요?

반환점 돌 때 정신이 확 들었다.

- 달리면서 집중되지 않았던 순간은 언제였고, 무엇 때문이었나요?

어깨가 아팠을 때와 목 마를 때

RUNNER'S
DIARY

"매 분, 매 초, 매 걸음마다 멈춤을 생각한다.
매번 뛰기 전에는 뛰는 도중 또 견뎌야 한다는 공포와 싸운다."

PART 3

달리기에 관하여

PART 3

건강 달리기 VS 극단적 달리기

우리의 몸은 달리기에 최적화되어 있다 해도 과언이 아니다. 몸의 기관들 중에는 마치 달리기 전용으로 만들어진 것처럼 달려야만 제대로 기능을 하는 부분도 있다. 그러나 무엇이든 과하면 하지 않는 것보다 못한 법. 준비되지 않은 몸으로 훈련 없이 극단적으로 달릴 경우엔 건강을 해칠 수도 있다. 보통 5km 이내 달리기를 건강 달리기, 42.195km 달리기는 인간의 한계를 느끼는 장거리 달리기라 말하지만 그 기준은 각자 다르다. 그러므로 우리는 달리면서 자신의 증세를 파악하여 내가 현재 '건강 달리기'를 하고 있는지 무리를 하며 '극단적 달리기'를 하고 있는지를 구분해야 한다.

몸의 반응에 귀 기울여라

발바닥, 무릎, 고관절, 어깨 등 관절부위의 통증을 점검하는 것을 비롯하여 몸 속 기관들도 살펴봐야 한다. 특히 횡경막, 심장박동, 복부의 통증 등을 살펴보자. 흉통, 지나치게 가슴이 두근거리거나, 짧은 시간 동안 의식을 잃거나, 운동량에 비해 지나친 호흡량, 어지러움 등의 증세가 나타나면 달리기를 멈추는 것이 좋다.

현대인들의 심혈관은 보통 매우 약해져 있다. 평소 달리기를 비롯한 지구력 증진 운동을 하지 않았다면, 혈류가 약할 수 있다. 그런 상태에서 갑자기 무리하게 달린다면 심장에 무리가 갈 수 있기 때문에 갑자기 쓰러질 수 있고, 심혈관질환, 관상동맥질환이 올 수 있으므로 앞으로 점진적인 훈련법이 필요하다.

ZEZE'S ESSAY

치열한 달리기와 평온한 달리기

평온한 달리기. 심박수, 숨, 표정 등이 평온할지라도 절대적 거리가 있으면 힘들어진다. 심장과 폐는 멀뚱멀뚱 거리는 데 근육과 지방들은 '흐익, 흐엑, 힝, 키힝' 거린다. 안 힘든데 힘든, 이상한 상황이 된다.

치열한 달리기. 육두문자가 난무하고 죽을 것 같고, 인상을 너무 써서 안면이 아프고, 귀가 안 들리고 눈꺼풀이 떨리고 다리근육이 모조리 찢어지고 뛰는 것 자체가 돌아버릴 것 같은데 끝나고 나면 자존감이 높아진다. 해내고 싶다고 바라던 것을 진짜로 해 내버렸을 때 자존감은 올라간다.

평온한 달리기는 힘들지 않고 재미있지만 때론 심심하다. 그러나 달리면서 여유가 있으니 나의 자세를 돌아볼 수 있다. 허리를 세우고 자세를 점검한다. 음악을 따라 부르기도 한다. 힘들지 않으니 자가 흐트러지지 않아 부상도 없다. 다만, 끝나고 허하다. 허전하고, 약간 심심하고, 시간을 알차게 쓰지 못한 것 같기도 하고 장단점이 있다.

두 가지 모두 일장일단이 있다. 근데 치열하게 달려보지 않은 자는 평온한 달리기를 할 수 없다. 아니 할 수는 있지만 그것이 평온한 달리기라고 느끼기가 힘들다.

PART 3

달리기의 종류

마라톤

마라톤 종목은 완주거리에 따라 올림픽 대회 정식 거리인 풀코스(42.195km), 그 절반인 하프코스(21km), 단축마라톤 10km, 5km로 나뉜다. 10km, 5km의 경우 경주의 의미인 레이스로 불리는 게 일반적이지만 '마라톤' 이란 단어 자체가 '장거리 경주'의 의미로 굳어지며 단축마라톤이라 불리기도 한다.

울트라 마라톤

마라톤 풀코스를 넘는 거리의 종목은 '울트라마라톤'이라 불린다. 50km, 100km부터 몇 날 며칠을 달리는 긴 대회도 있다. 미국대륙횡단대회는 64일동안 LA에서 뉴욕까지 달리고, 우리나라에서는 622km 남한종단 대회가 있으며 1,500km, 2,500km 등의 전국일주 울트라 마라톤 들도 있다. 세계 4대 극지 마라톤의 경우 식량과 텐트를 짊어지고 6박 7일동안 250km씩 달리는데 사하라 사막, 고비사막, 아타카마 사막 코스를 모두 완주하면 최종 코스인 남극코스 도전권이 주어지며 이를 모두 해낸 사람은 그랜드슬래머 칭호를 받는다.

산악 마라톤(트레일러닝)

트레일러닝은 산길을 뜻하는 트레일(trail)과 달린다(running)의 뜻이 합쳐진 합성어로 산, 초원, 숲길 등 주로 자연 속을 달리는 마라톤을 뜻한다. 국내에서는 흔하게 '산악마라톤'으로 통용되고 있으나 실질적 사용 개념은 국가별, 지형별로 조금씩 의미를 달리한다. 퇴적층이 완만하게 쌓여 산을 이루는 지형이 많은 국가에서는 지면이 평평한 흙길로 경사만 있는 있는 곳을 뜻하기도 하고, 돌산이 많은 국내의 경우에는 요철이 많은 울창한 산을 빠르게 걷는 것과 흙길을 달리는 것 두 가지를 동시에 포괄한다

PART 3

달리기 훈련법

매일 같은 달리기를 한다면 건강해질 수는 있지만 빠르게 신체능력이 향상되진 않는다. 다음의 훈련법을 참고하여 심폐지구력과 힘을 효율적으로 증진시킨다면 로켓성장이 가능할 것이다.

달리기를 위한 올바른 자세

자세에 정확한 정답은 없으나, 부상을 방지하고 효율성을 높이는 방법은 있다. 몸의 전체적인 중심이 앞을 향한다. 허리와 가슴은 펴지만 척추는 활처럼 휘지 않게 한다. 시선은 앞 사람의 허리춤을 향하고, 다리를 내디딜 때는 발목이 안으로, 또는 밖으로 회전되지 않도록 정확하고 가볍게 지면을 박찬다. 팔은 90도를 유지하는 것이 좋은데, 막상 달리는 사람의 입장에선 90도보다 조금 더 작은 각을 만드는 것이 실제 90도와 흡사하

므로 조금 더 팔꿈치 아래를 올려준다. 손목과 팔꿈치는 일자가 되게 해서 양 옆이 아닌 앞 뒤로 흔든다.

자세가 무너진 다는 것은, 위와 같은 자세가 유지되지 않고 고개가 아래, 위로 꺾이고 허리와 등이 굽고 다리가 지면을 내리찍듯 퍽퍽 뛰며 1분1초를 힘겨움과 싸우는 자세를 뜻한다.

리듬이 일정하다는 것은 호흡이 일정하게 유지된다는 것이라 볼 수 있다. 발의 내딛음과 호흡의 리듬과 박자가 꼬인다면 복식호흡이 아닌 흉식호흡이 되고, 이는 산소부족이 되어 운동능력을 저하시킬 것이다.

달리기의 기술

심폐 지구력 증진: 달리는 거리를 늘려라

필자가 처음 달리는 거리를 늘리려 했을 때, 매일 조금씩 달리는 거리를 늘리는 것을 목표로 잡았으나 단 4일만에 부상과 함께 목표를 변경했다. 부상의 원인은 과훈련이었다. 과도한 훈련을 하면 점점 운동성과가 떨어진다. 이에 러너들은 초조한 마음에 더욱 열심히 운동을 하고, 이는 부상이나 저조한 기록으로 이어지는 악순환이 발생하는 것이다.

달리는 거리를 늘린다는 것은 평소보다 더 많은 훈련을 한다는 것이므로 신체가 받는 스트레스와 피로도가 높아진다. 때문에 훈련의 강약 조절과 휴식은 '아주' 중요하다. 다음의 사항을 꼭 기억하며 거리 늘리기 훈련 계획을 세워보자.

ZEZE'S TIP

거리 늘리기 훈련 방법

거리 늘리기는 4~7일 기간을 두고 달린다. 달리기 거리는 지난 달리기 거리 (km)가 한 자리일 때는 ~8km까지 자유롭게 늘린다. 한 자리 수가 넘어갈 경우는 지난 달리기 거리보다 3km 긴 거리를 목표로 잡는다. 지난 달리기가 25km가 넘어갈 경우에는 신체 상황에 따라 7일~15일 간격을 두고 다음 훈련을 계획한다. 거리 늘리기 훈련을 하지 않을 때는 힘든 훈련과 쉬운 훈련을 번갈아 실행한다.
평소보다 먼 거리를 달린 것은 힘든 훈련이다. 그러므로 다음 훈련은 쉽게, 그다음은 다시 힘들게 하며 난이도를 조절한다. 강도 높은 훈련을 이틀 연속으로 한다면 과훈련이 되어 운동성과가 떨어질 수 있기 때문이다.

천천히 오래 달리기

호흡을 일정하고 편안하게 유지한다면 평소보다 더 긴 거리를, 오래 달릴 수 있다. 옆 사람과 가벼운 대화를 할 수 있을 정도의 호흡으로 달려보자. 신체에 과도한 스트레스를 주지 않고 심폐지구력을 키울 수 있을 것이다. 호흡이 거칠어지거나 꼬였을 때는 속도를 늦추거나 숨을 길게 내뱉고 깊게 들이마신다면 빠르게 안정시킬 수 있을 것이다.

훈련 방법 예시

A 천천히 조깅 60분 B 천천히 조깅 10km 이상 C 빌드업 조깅(km당 속도를 늘리는 것) 10km이상(5km천천히 조깅, 이후 1km단위 속도 증가)

파워상승: 거리대비 달리는 속도를 늘려라

같은 거리를 더 빠르게 달리기 위해선 근력이 뒷받침되어야 한다. 만약 달리기 자세와 리듬, 호흡이 안정되었다면 그 다음은 속도를 늘려서 같은 거리를 달려보자. 속도를 늘렸음에도 자세가 올바르고 리듬이 유지된 채 1km를 빠르게 달릴 수 있다면, 연습할 시 그 속도로 5km 달릴 수 있다. 훈련을 거듭하여 10km를 일정한 속도로 달릴 수 있다면 전문적 훈련을 통해 42.195km도 앞선 10km를 달린 속도로 완주할 수 있다.

ZEZE'S TIP

속도 늘리기 훈련 방법

거리, 또는 시간을 기준으로 두고 빠르게 달리와 휴식, 다시 빠르게 달리기를 반복한다. 거리를 기준을 둘 경우 400m를 평소보다 빠르게 달리고(심장이 쿵쾅거리고 주변인과 대화를 하기 힘들 호흡으로) 200m를 아주 천천히 조깅하고, 다시 400m를 빠르게 달리는 것을 8~12회 반복한다(빠르게 달리고, 짧게 조깅하고를 반복하는 구간을 400m, 800m, 1km, 2km 등으로 조절하며 훈련강도를 달리한다). 이 때 빠르게 달리는 구간에서는 같은 속도를 유지하는 것이 중요하다.

훈련 방법 예시

A (400m 빠르게 달리기 + 200m 조깅)x12회 / B (1km 빠르게 달리기+1분 조깅)x5회 / C 2km 조깅+1km 빠르게 달리기 / D 5km조깅+1km 마다 속도 늘리기

근력향상: 언덕을 달려라

경사진 곳을 달릴 때의 우리의 몸은 평지에서 달릴 때보다 무릎, 엉덩이, 발목 관절을 더 구부린다. 평지보다 더 큰 힘을 내기 위해 엉덩이 근육조직과 허벅지를 더욱 사용한다. 평소보다 무릎을 더 많이 올리기 위해 심부근육도 사용하게 된다. 달리기를 위한 신체의 근력을 향상시켜 주는 것이다. 또한 순간적으로 발생하는 에너지소모와 피로감을 극복할 수 있는 심리적 훈련이 될 수 있다.

ZEZE'S TIP

언덕 훈련 방법

언덕 달리기(hill training)는 주1회정도로 실시한다. 평소보다 근육의 피로도가 높기 때문에 무리해서 연속으로 실시하지 않는다. 언덕의 경사도는 10~15%가 적당하다. 경사가 지나치게 높으면 지속적인 리듬감을 유지하기 어렵고 높은 난이도에 중도 포기하게 될 수도 있다. 경사가 심하게 높을 경우에는 발끝을 이용하는 것이 좋다. 과도하게 발목이 꺾인 채로 뒤꿈치부터 찍는다면 발목 앞의 인대가 계속해서 접히며 상할 수도 있고, 신체의 경사도를 효과적으로 유지할 수 없기 때문이다. 보폭은 평지보다 줄이고, 무릎을 평지보다 더 올리며 달린다.

훈련 방법 예시

A 누적고도 180m 이상 달리기 / B 언덕구간을 힘들게 달리고 내리막에서는 천천히 호흡정리하기 x 5회 반복

PART 3

장소 선정하기

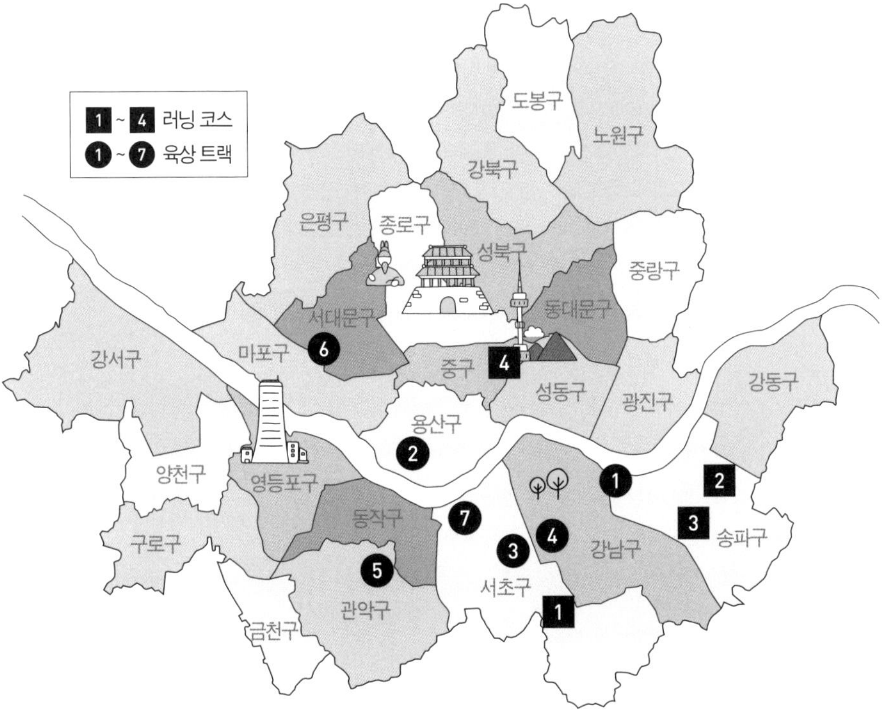

'달리기 코스에 따라 효과가 달라진다.' 그러므로 달릴 장소 선정이 중요하다. 포장도로, 흙길, 경사면 유무, 물 급수 등에 따라 달리는 요령과 효과가 다르고 느낌도 다르기 때문에 컨디션과 달리기 목표에 따라 장소를 달리하며 훈련하는 것이 좋다.

포장도로의 경우 오르막 내리막 달리기는 관절에 무리가 갈 수 있으므로 적당한 조깅로로 선택한다. 근육이나 관절이 아직 단련되지 않을 경우에는 경사가 없고 평평한 운동장이나 트랙의 충격완화 우레탄을 밟으며 달리는 것이 좋고, 자연 속 흙길은 자연을 만끽하며 달릴 수 있다.

1 장거리를 달릴 수 있는 양재천~탄천 코스

서울 한강을 따라 끊기지 않고 쭉 달릴 수 있는 코스다. 출발지에 따라 적당히 왕복을 할 수 있고, 중간중간 거리표시가 있어 원하는 만큼 달릴 수 있다.

- **특징** 강변, 천변, 100m마다 거리표시 있음, 중간중간 공중화장실 있음
- **종류** 왕복, 순환
- **총 길이** 약 30km
- **개방시간** 24시간(우천시 한시적으로 출입통제 될 수 있음)
- **주차 및 교통** 지하철 3호선(양재역) ~ 신분당선, 분당선 / 탄천교 등 주차
- **달리는 지면** 아스팔트, 우레탄, 흙길

2 다양한 러닝코스를 만들 수 있는 올림픽공원 코스

올림픽공원 외곽코스, 내부코스로 분리하여 달릴 수 있다. 외곽의 경우

순환 시 약 5km이며 내부코스는 호반의 길, 토성의 길, 추억의 길, 연인의 길, 젊음의 길 등으로 구성되어 있다. 토성의 길에서 언덕훈련이 가능하여 외곽으로 조깅 후 내부코스에서 언덕훈련을 하는 등의 다양한 달리기 훈련을 할 수 있다.

- **특징** 조깅과 언덕훈련을 동시에 할 수 있음
- **종류** 순환
- **총 길이** 외곽코스 약 5km
- **개방시간** 외곽은 24시 / 내부는 오후 10시까지
- **주차 및 교통** 지하철 8호선 몽촌토성역 / 5호선 올림픽공원역 / 올림픽공원 주차장
- **달리는 지면** 아스팔트, 우레탄, 시멘트

3 체력에 맞게 뛸 수 있는 석촌호수 코스

서울 잠실에 위치한 석촌호수 둘레길로, 총 길이가 2.5km이다. 100m 간격으로 구간 표시가 되어 있어 자신의 체력에 맞춰 달릴 수 있고, 거리대비 달리기 소요시간을 측정할 수 있다. 자전거 출입을 통제하고 있어 사고 위험도 적다. 석촌호수에 비친 야경과 롯데월드의 조명 등의 매력적인 뷰가 있어 나이트 러닝장소로 유명하다.

- **특징** 구간표시가 되어있는 순환코스, 뛰어난 풍광, 자전거 출입통제 길
- **종류** 순환
- **총 길이** 외곽코스 약 2.5km
- **개방시간** 종일
- **주차 및 교통** 지하철 2호선, 8호선 잠실역 / 롯데월드 주차장
- **달리는 지면** 우레탄

4 언덕훈련하기 좋은 남산 북측순환로

주변이 숲으로 둘러싸여 있는 길로, 언덕과 내리막이 적절하게 반복되어 있는 길. 언덕훈련에 적합한 코스. 입구에 라커가 있어 짐보관이 용이하다. 거리표시는 500m마다 있으나 잘 눈에 띄지 않는다.

- **특징** 언덕과 내리막이 있는 코스(언덕 약 5개)
- **종류** 왕복
- **총 길이** 3.5km
- **개방시간** 종일
- **주차 및 교통** 지하철 3호선 동대입구역 / 국립극장 주차장
- **코스 시작** 국립극장
- **달리는 지면** 우레탄

5 오직 달리기를 위한 장소 서울육상트랙 7곳

우레탄 육상트랙은 달리기 시 지면 탄성으로 기록향상에 도움이 되고, 장시간 운동하더라도 피로감을 덜 느낀다. 달리기에 장애물이 없으며 어떤 기후에도 사용이 가능하다.

❶ 잠실보조경기장

- **주소** 서울특별시 송파구 잠실동
- **주차 및 교통** 지하철 2, 9호선 종합운동장역
- **요금** 유료
- **특징** 400m 정규트랙이 있으며, 8레인이다. 천연잔디구장과 육상트랙, 스탠드로 구성되어 중소규모의 행사 진행이 많은 곳이다. 유료로 이용 가능하며 이용료는 1인 1,000원~13,000원이며 카드만 사용가능하다.

❷ 용산구 효창운동장

- **주소** 서울특별시 용산구 효창동
- **요금** 무료
- **이용시간** 일출~오전 8시 까지
- **특징** 400m 정규트랙이 있으나 이용가능시간이 오전 8시까지로 제한되어 있어 아침에 달리기 좋은 곳이다.

❸ 서울교육대학교 운동장

- **주소** 서울특별시 서초구 서초동
- **이용시간** 평일 오전 6시~오후 10시 / 주말 오전 6시~오후8시
- **주차 및 교통** 지하철 3호선 교대역 / 교육대학교 내 유료주차
- **특징** 400m 정규트랙이다. 직선트랙은 6라인, 곡선트랙은 4라인으로 되어 있다.

❹ 대치유수지 트랙

- **주소** 서울특별시 강남구 역삼로
- **요금** 무료
- **주차 및 교통** 지하철 2호선 삼성역, 3호선 학여울역 / 무료주차
- **특징** 400m정규트랙이다. 직선트랙은 5라인, 곡선트랙은 2라인으로 되어 있다. 바로 옆에 테니스장과 암벽등반장, 화장실, 카페 등이 연결되어 있다.

❺ 서울대학교 관악캠퍼스 종합운동장

- **주소** 서울 관악구 대학동 서울대학교 내
- **요금** 무료
- **이용시간** 계절별로 다름
- **특징** 정식 국제규격의 경기장으로 대운동장이다. 많은 학생들이 이용하는 경기장이므로 평상시 일반인은 이용이 제한될 수 있다.

❻ 연세대학교 신촌캠퍼스 대운동장

- **주소** 서울특별시 서대문구 연세로 50
- **요금** 무료
- **특징** 400m정규트랙이다. 4라인 트랙이며, 많은 학생들이 이용한다.

❼ 반포종합운동장

- **주소** 서울특별시 서초구 반포2동 15-2
- **주차 및 교통** 지하철 9호선 신반포역 / 무료주차(주차공간 협소)

- **특징** 정규트랙이 아닌 인라인, 자전거, 도보로 구분되어 있는 종합운동장이다. 인라인, 자전거 도로가 녹색으로 구분되어 있으며 트랙 중앙 운동장의 모래가 트랙으로 날려와 미끄러울 수 있으므로 주의해야 한다. 가장 안쪽 라인을 기준으로 400m 트랙이다.

Running Note

나만의 훈련장소

- 내가 주로 달리는 장소는 어떤 곳인가? 자주 달리기에 적합한 곳인가? 생활반경 내에 있어 쉽게 접근할 수 있나? 신체에 무리를 주는 지면이진 않는가? 거리는 적당한가? 를 고려하며 나에게 적합한 코스인지 점검해보자.

- **코스 위치**

- **코스 특징**

- **달리는 지면 특징**

- **총 길이**

ZEZE'S ESSAY

이럴 땐 이런 장소

1. 장거리로 뛰기 좋은 탄천

집에서 나와 15분 가량을 걸어가면 한강으로 이어지는 하천길인 '탄천'이 있는데 나는 이곳을 자주 찾는다.

이곳은 한강으로 이어지는 하천길로 신호등이 없어 멈추지 않고 계속 달릴 수 있다. 지면은 무르거나 미끄럽지 않으며 갑자기 불룩하게 올라오거나 옆으로 기울지 않은 평평한 길이어서 달리기에 편하다. 거기다 차량이 진입할 수 없는 길이므로 교통 사고의 위험이 없어 수십 번은 달린 곳이다.

2019년 11월 어느 추운 겨울날, 우리집 근처 탄천으로 향했다. 옥빛의 우레탄이 깔려있는 보행로와 자전거 길 사이의 경계에 서서 천천히 발목을 푼다. 여기에서부터 농구대가 나오는 곳까지 10km, 거기에서 10분 가량 더 가면 야탑동이 나오고, 수변공원이 나오는데 계속해서 간다면 서울 잠실동까지 갈 수 있다. 곰곰히 길을 떠올리며 오늘의 달리기 목표를 정한다.

[오늘은 어디까지 달릴까? 저번은 농구대가 있는 곳에서 반환해서 왔으니까 이번에는 조금 더 가보자. 습지 생태원이 있는 곳에서 턴 해서 돌아오는거야. 30km를 뛰자.]

호기롭게 달리기 시작했으나 곧 힘들어지며 마음이 약해진다. 이럴 땐 나만의 포인트 장소를 떠올린다. [아, 너무 힘든 것 같은데.. 멈출까? 아냐, 조금만 더 가면 공중화장실이 나오잖아. 거기까지만 가자. 거기에서 손 씻

고, 나와서 물 마시고 재정비해서 다시 가는거야]

하천 내 공중화장실은 내가 쉼터로 자주 이용하는 곳이었다. 용변을 해결하는 것도 있지만, 달리다 멈추면서 땀이 식어 생기는 추위를 몰아내기에 안성맞춤이다. 벽과 천장이 있어 찬바람도 막아주는 데다가 심지어 실내히터도 24시간 가동이다. 겨울철에는 이만한 쉼터가 없다. 이처럼 나는 이 러닝루트 중 추울 때 가면 좋은 화장실이 어디에 있고, 목마를 때 가면 좋은 편의점이 어느 방향에 있는지 알고 있는 것이다. 세세한 목표들이 그것을 기점으로 세워진다. 가령, [속도를 화장실이 나오는 곳까지 올리고, 편의점이 나오는 곳 까진 멈추지 말자] 이렇게.

이 날 나는 13km지점의 공중화장실에서 정비를 했으며 16km지점의 수변공원에서 턴하여 출발지로 돌아오는 달리기를 했다. 포인트장소를 기반으로 한 목표들을 달성하다 보니 약 32km를 무리없이 달릴 수 있었다.

2. 나와 경쟁하고 나와 함께 달리는 트랙

트랙에 선다. 느린템포의 노래를 틀며 이어폰을 꼽는다. 소리하나 단절되었을 뿐인데 태세가 달라진다. 서늘한 공기도, 부딪치며 어지로이 흩어지는 나뭇잎 그림자에도 긴장감이 서린다.

트랙의 코너를 돌 때면 어제의 이곳을 돌던 내 모습과, 며칠전의 내 뒷모습과, 오래전 이 악물고 달리던 때의 감정과 마주친다. 그리고 지금의 여유로운 숨소리를 남긴다. 이렇게 남기고 가면 며칠 뒤의 내가 또 봐 주겠지. 이래서 자주 온 훈련장은 좋다. 외롭지도, 심심하지도 않다.

PART 3

달리기 테크닉

새벽 동틀 무렵인데도 힘겹다. 여름이어서일까? 잦은 회식 때 먹은 술 때문일까? 살이 쪄서 그런걸까? 아니면, 그동안 천천히 달리기만 해와서 일까? 2km마다 1분씩 걸었다. 다시 뛸 때마다 스스로를 설득한다. '나는 힘든 게 아니고 견디기 싫은 거야.' '사실은 할 수 있는데 하기 싫은 것 뿐이야.' 10km를 다 달리고 웃는다. **역시, 할 수 있네. 난 그냥 견디기 싫은 거 였어. 할 수 있는 건데.**

-2018. 7. 24 새벽 6시 / 동네 트랙에서

안전하고 꾸준히 달리기 위해 달리기에 적합한 테크닉이 필요하다. 다른 운동과 마찬가지로 달리기 전 스트레칭, 준비운동 이외에도 간과하기 쉬운 호흡, 부상에 대한 대처 그리고 누적된 피로를 풀어주기 위한 다양한 회복 방법 등이 달리기에서도 꼭 필요한 것들이다.

준비, 뛰겠다는 의지를 다지는 필수적인 단계

Q 달리기 전에 무엇을 해야 할까요?

A 달리기 전의 수분 공급은 필수다. 평소 물을 충분히 마셔 신체의 수분보유량을 늘린다. 식사는 탄수화물 위주의 식사로 달리기 전 3시간 이내에 끝낸다. 15분 정도 전신 스트레칭을 충분히 하여 관절과 근육을 유연하게 만들어 준다. 그 후 심박수가 올라가 몸이 활성화될 수 있도록 10분~15분 정도 가벼운 달리기와 걷기로 몸을 충분히 풀어준다.

Q 달릴 때 주의해야 할 게 있을까요?

A 달리기 중 내 몸의 이야기에 집중한다. 통증이 느껴지는 곳이 있는지, 어지러움증은 없는지 등을 점검한다. 통증이 나타나면 강도를 줄이던가 운동을 중단하고 휴식을 취하며 점검한다. 또는 달리면서 몸이 활성화되어 갑자기 강도를 높였을 경우, 호흡이나 다리의 리듬이 꼬인다면 의도적으로 강도를 낮추고 심호흡 한다. 리듬이 꼬인다는 것은 자세가 무너질 수도 있다는 것이므로 리듬이 엉키지 않도록 주의한다.

Q 달리기가 끝나면 너무 지치는데, 바로 쉬어도 될까요?

A 달리기 후 정리운동으로 가벼운 달리기 5분~8분가량 진행한다. 이때에는 호흡이 전혀 거칠어지지 않을 정도로 천천히 달린다. 그 후 다시

5분가량 걷고 스트레칭하며 달리는 동안 팽팽히 당겨진 근육들을 천천히 풀어준다. 운동 후에는 근육통이 발생할 경우가 많은데, 보통 근섬유의 찢어짐이나 피로물질의 축적이 원인이지만 운동 후 며칠 뒤에 통증이 발생되는 지발성근육통(DOMS)가 있을 수도 있다. 정리운동과 스트레칭을 실시하면 근육통이 예방되고 경감되어 회복을 가속화 시켜줄 것이다.

ZEZE'S TIP

아침, 점심, 저녁 언제 달리는 것이 좋을까?

현대사회의 생활패턴에 따라 하루가 시작되는 8시~11시 이내에는 출근 차량운행이 많아 대기중 아황산가스, 미세먼지 등의 농도가 높다. 오후 2시~4시에는 오존의 농도가 가장 높으며 서울 같은 대도시의 경우 퇴근시간대인 6시~8시는 차량 배기가스 영향이 크므로 이른 아침이나 늦은 저녁에 운동하는 것이 좋다. 운동 후에는 반드시 세안하고 눈과 코 속을 깨끗이 씻어내자. 운동 전후로 물을 많이 마셔 평소 체내의 미세먼지 배출을 돕는 것도 한 방법이다.

부상, 정신력으로 해결되지 않는 것

Q 달릴 때 통증이 느껴지는 부위가 있는데, 견디면서 달려야 할까요? 그냥 쉬어야 하나요?

A 달리기는 하체와 상체가 협응하여 움직이는 전신운동이므로, 다양한 부상을 야기할 수 있다. 크게는 직접적으로 지면과 부딪치는 발, 아킬레스, 정강이, 무릎 등 하체부터 시작하여 허리, 어깨, 목, 팔 등에서 통증이 나타날 수 있는데, 통증이 있다는 것은 염증이 발생했다는 것과

일맥상통하므로 우선적으로 휴식을 취해준다. 그리고 통증의 부위를 정확히 짚어보자. 예를 들어 무릎이 아프다면 무릎의 아래가 아픈 것인지, 옆면, 윗면, 뒷면 등 구체적으로 파악하고 그 부위를 중점적으로 치료와 휴식을 하여 통증이 빠르게 경감될 수 있도록 한다. 통증의 정도가 고통이 아닌 뻐근함으로 변화되면 그때부터 재활과 스트레칭을 시작하는 것이 좋다. 그리고 통증의 원인을 파악하여(달리는 자세, 몸의 불균형 발달 등) 이를 보완하는 보강운동을 병행하면서 튼튼한 신체를 만들어 오랫동안 달리기를 즐기기 위한 초석을 닦아보자.

Q 매일 달려도 될까요? 통증은 없지만 관절에 무리가 갈까봐 걱정됩니다.

A 달리기는 하중의 충격이 다리에 많이 가해지는 운동이다. 잦은 충격을 받은 인대와 관절, 계속해서 활동한 근육의 피로도가 올라간다. 보통 인대와 관절은 1~2일이면 회복이 되지만 근육의 경우는 3일에서 심하면 15일까지도 회복기 일 수 있다. 때문에 내 몸의 이야기에 귀 기울이는 것이 중요하며, 고강도 운동 시에는 하루만이 아니라 2~10일 정도의 휴식을 취해주며 부상을 예방하는 것이 좋다.

ZEZE'S TIP

보강운동

달리기는 전신운동이다. 지면을 직접적으로 박차는 하체와, 상체, 그리고 상하체의 협응성을 높이는 코어 등이 함께 쓰인다. 그래서 달리기의 추진력을 키우고 부상을 예방하기 위해서는 전신의 균형발달이 중요하다.

추천보강운동 - **상체**

리가 움직이는 횟수만큼 상체의 팔도 흔들린다. 팔, 어깨, 견갑골 등의 움직임에 관여되는 근육을 강화시켜 보자. 견갑골(등쪽의 날개뼈 부근의 뼈)을 움직이는 운동을 추천한다. 팔 흔들기(견갑골, 등근육 관여되게), 풀다운(pull-down) 또는 팔 움직임엔 가슴근육도 관여되므로 흉부를 늘리는 스트레칭도 겸해보자.

추천보강운동 - **코어**

하체와 상체를 이어주는 코어가 단단해야 무게중심이 흔들리지 않고, 자세가 무너지지 않는다. 코어근육은 횡경막근, 복횡근(복근의 한 부위), 골반기저근(골반바닥쪽), 기립근(척추부근 근육) 총 4가지의 심부근육으로 구분된다. 코어운동으로는 플랭크(plank), 브릿지(bridge), 버드 독(bird dog) 등이 있다.

추천보강운동 - **하체**

하체는 지면과 직접적으로 닿아 충격을 가장 많이 받으므로 더욱 세밀한 보강운동이 필요하다. 발목, 무릎, 고관절의 꺾이는 부위를 기점으로 분할하여 상대적으로 약한 부위가 어느곳인지 관찰하여 보완하면 좋다.

추천 운동으로는 발목보강으로 한발 계단점프, 허벅지, 둔근 강화로는 스쿼트 등이 있다.

회복, 다음 날도 나를 움직일 수 있게 하는 원동력

달리기 직후에 온찜질, 냉찜질 중 어떤걸 해야 하나요?

Q A 장시간 달리고 나면 전신에 열이 오른다. 근육에 열이 오르고 염증과 부기가 증가한다. 때문에 달리고 난 직후엔 5분~10분 정도 얼음물이나 얼음팩으로 찜질해 근육을 진정시키는 것이 좋다. 냉탕에 들어가는 것도 좋은 방법이다. 다만, 심장 부근은 놀랄 수 있으므로 발끝부터 천천히 입수하도록 하자. 냉찜질이 일시적으로 오른 염증도를 낮춰 근육 회복을 가속화시킬 것이다. 달리기를 한지 일정시간이 지난 이후에는(보

통 1~2일 이후 열과 부기가 가라앉았을 때) 온찜질이 좋다.

Q 달리기 이후에 몸이 너무 뻐근해요. 제가 너무 무리하고 있는 걸까요?

A 달리다가 갑자기 멈춘다면, 과도하게 펌핑되었던 근육들이 놀라서 경련이 일어날 수 있다. 또는 몸에 쌓인 피로물질(젖산)이 잘 배출되지 않고 몸 안에 고여 있게 되면서 피로감 호소나 부상을 야기할 수도 있다. 달리기 이후에는 정리운동을 하여 올라간 체온을 서서히 떨어뜨리고, 혹사된 근육을 안정화시켜야 한다. 정리운동 방법으로는 걷는 것보다 조금 더 빠르지만 평소 뛰는 것보다 훨씬 느린 속도로 천천히 조깅하는 것과 스트레칭이 있다.

스트레칭의 경우 과격하고 급격한 자세를 취할 시 스트레스를 받은 근육들이 손상될 수 있으므로 천천히 심장에서 먼 곳인 손목 발목부터 시작하며, 하체만이 아닌 상체도 반드시 풀어준다.

ZEZE'S TIP

회복런(리커버리런)

회복을 위한 천천히 달리기

강한 강도로 달린 다음 빠른 회복을 위한 가벼운 달리기 기법으로 LSD(Long Slowly Distance)라고도 한다. 근력에 무리를 주지 않도록 아주 천천히 달린다면 신체 순환과정이 빨라지며 피로물질(젖산)이 배출되어 회복이 빨라진다. 근력에 무리를 주지 않도록 아주 천천히 달린다면 신체에는 스트레스가 가해지지 않은 채 순환이 빨라져 몸에 쌓인 피로물질(젖산)이 배출되며 회복이 빨라진다.

호흡, 리듬을 잃지 않게 하는 힘

Q 달리기를 할 때 입과 코, 어디로 숨을 쉬는 게 맞나요?

A 코와 입을 함께 사용해야 한다. 코나 입 단일적으로 사용하는 것보다 양 쪽으로 호흡하는 것이 산소를 더 들이마실 수 있기 때문이다. 코로만 호흡하면 산소공급량이 부족해지고, 입으로만 호흡하면 머리의 열 교환이 원활이 이루어 지지 않으므로 코나 입 단일사용보다 양 쪽으로 호흡하는 것이 좋다. 다만, 두 기관의 사용 비율 조정 시 코의 비중을 높이는 것을 추천한다.

달릴 때의 올바른 호흡법에서 '리듬'이 중요하다. 발을 두 번 내딛을 때마다 숨을 두 번 호흡하는 '습습후후 4박자 호흡법'도 있고 '습후습후 2박자 호흡법'도 있으며 두 가지를 섞어 달리기도 하므로, 자신에게 편한 호흡법을 익히는 것이 좋다.

만약 리듬없이 호흡하기에만 급급해진다면, 입 호흡의 비율이 커지고 복식호흡이 아닌 흉식호흡이 될 가능성이 높아진다. 숨소리가 거칠어지고 점점 어깨가 올라간다. 급박한 호흡에 맞춰 목의 핏대가 서고 다리가 아닌 어깨와 목 부근이 근육통이 생긴다. 호흡이 폐 속 깊은 곳까지 가지 못하고 가슴 언저리에서만 일어나는 것이다. 본인에게 맞는 호흡법으로 일정한 리듬을 가지는 것. 그것이 올바른 호흡법이라 할 수 있다.

ZEZE'S TIP

러닝 호흡법

1걸음 1호흡

매우 빠르게 달릴 경우의 호흡이다. 장시간 유지하기 힘든 호흡이므로 짧은 거리나 경기의 마지막에 질주할 때 많이 나타난다.

2걸음 흡기 - 1걸음 호기

2걸음때 숨을 마시고 1걸음 때 내뱉는다. 10km 달리기나 빠른 달리기 경주에서 많이 시행하는 호흡이다.

2걸음 흡기 - 2걸음 호기

2걸음 때 들이마시고 다음 2걸음 때 내뱉는다. 이 호흡법은 하프 마라톤(21km) 이상의 장거리 경기에 효과적이다.

추운 날씨 때 호흡법

이른 아침, 또는 겨울철 달리기 때는 굳어 있는 몸을 풀면서 천천히 찬 공기를 들이마신다. 숨 쉬기 운동으로 찬 공기에 몸이 익숙해지고 워밍업이나 스트레칭으로 전신이 활성화가 되면 달리기 시작한다. 만일 추운 날씨에 갑자기 달린다면, 기관지가 좋지 않은 사람은 찬 공기로 인해 급성 천식이 올 수도 있기 때문이다.

물, 운동능력을 좌지우지하는 것

Q 물, 언제 얼마만큼 마시면 좋은가요?

A 운동 전후로 물을 마시지 않거나, 부족하게 마시면 어떻게 될까? 수분 섭취를 제한한 채 운동하면 탈수로 인한 근육경련이나 열사병 등에 걸릴 수 있고, 운동능력도 저하된다. 때문에 운동 전 평상시 물을 자주 마셔 전신의 수분 보유량을 높이고, 운동 2시간 전에는 500cc, 15분 전에

는 200cc의 물을 마시는 것을 추천한다. 그 이상 마시면 복통이 일어나거나 속이 부대낄 수 있기 때문이다.

달리는 중간에 마시는 물의 양과 빈도수는 얼마나 멀리 달릴 것인가에 따라 결정된다. 한 시간 이내를 달린다면, 15분~20분마다 200cc 이내의 수분을 보충하는 것이 좋다. 1시간~4시간 이상 달리기를 한 다면 15분~20분마다 탄수화물과 전해질이 포함된 스포츠 음료와 물을 번갈아 200cc 이내 마심으로써 땀으로 소실된 나트륨을 보충한다.

장거리를 달린 후에는 250~500cc정도를 마셔준다. 이 때에도 갈증이 난다 하여 한 번에 과도하게 섭취하지 않는다. 물의 차가운 것이 좋다. 섭씨 5도 정도의 차가운 물이 위에 빨리 흡수되기 때문에 가능한 한 차가운 물을 마셔 주는 것이 좋다.

ZEZE'S TIP

수분보충

수분보충 시간과 양은 개개인별로 다르다. 갈증과 발한의 정도에 따라 급수의 빈도를 결정하기도 하고, 소변 색깔로 결정하기도 한다. 맑은 소변색은 물을 너무 많이 마셨다는 것이고 색이 탁하다면 그만큼 수분보충이 충분하지 않았다는 것을 대변하므로 이를 관찰하여 내 몸에 맞는 수분섭취를 결정할 수 있다.

러너스 하이, 달리기 중독에 이르게 하는 경험

Q 달리기 중독이 실제 있나요?

A 러너스 하이(Runner's High)란 미국의 심리학자인 A. J. 맨델이 1979년 발표한 논문에서 처음 사용한 용어로 '달리면서 느끼는 도취감'을 말한다. 보통 마라톤 선수들이 훈련할 때 극한의 고통을 넘을 때쯤 러너스 하이를 느낄 수 있는 것으로 알려져 있다.

달리기를 하면 뇌에서 긍정적 신경물질들이 발생된다. 장시간 운동하여 신체가 극한의 스트레스에 몰리면 각성상태를 주고, 진통효과를 주는 호르몬인 엔도르핀도 분비된다. 평온하고 안정감을 주는 뇌파, 긍정의 신경물질, 각성과 진통효과가 있는 엔도르핀 분비, 심리적 고조감 등이 어우러지며 나타나는 현상을 우리는 일반적으로 '러너스 하이'라 부른다.

ZEZE'S ESSAY

춘천 마라톤, 나와의 짜릿한 승부

2019년 10월 27일, 춘천 마라톤 출발선에 서서 가을 특유의 선선함을 한껏 들이마셨다. 하늘은 약간 흐렸고 습도는 낮다. 아아, 좋다. 이런 날은 '그 기분'이 빨리 찾아오거든.

[3, 2, 1… 땅! 출발! 출발! 풀코스 주자들, 출발해 주세요! 응원합…!]

사회자의 말이 채 끝나기도 전에 쏘아가며 집중한다. 초반엔 빨리 달리지 않는다. 5km지점이 지나자 점점 다리가 가볍게 느껴지고, 무릎이 올라간다. 8km, 달리기 시작한지 38분쯤 되자 뒤죽박죽이던 속도와 호흡이 안정된다. 전신이 활성화가 된 것이다. 몸이 힘들지 않으면서 집중도가 최고조로 올라간다. 머릿속을 부유하던 열정과 목표, 걱정, 두려움, 흥분감 등이 모래알처럼 흩어진다. 동시에 외부의 환경소리도 리모콘을 누른 것 마냥 줄어든다. 대신 내 몸의 소리는 커진다. 호흡과 지면을 박차는 발소리, 바람이 몸을 스치는 소리가 규칙적인 리듬으로 귓가를 울린다. 집중이 최고조가 되는 것이다. '이대로 평생 달릴 수 있을 것 같아' 생각을 비웃듯 위기가 찾아온다. 다리근육과 인대가 뻐근하다. 24km지점이 지나면서 속도가 느려진다. 템포를 놓치고, 마법 같던 순간들이 사라진다. 그럼 또 견딘다. 견디자. 집중하자. 집중. 집중… 그러나 더 큰 위기가 찾아온다. 35km 지점, 뻐근함이 도를 넘어선다. 멈추고 싶다.

'멈출까? 그만할까? 다리가 그만 움직이라고 소리치는 것 같은데. 아냐, 머리는 계속 가래. 견디자. 멈출까? 견딜까? 멈춰, 견뎌, 가, 속도 줄여, 속도 유지해, 아 그냥 멈춰. 안돼….'

마음 속으로 갈등이 있든 말든 다리는 계속 움직이고 있다. 그만하고 싶고, 못할 것 같고, 한 걸음도 더 갈 수 없을 것 같음에도 말이다. '그래, 그냥 계속 가자' 포기를 포기하는 순간 이 전에 찾아온 마법이 다시 발동된다. 생각의 전쟁터와 다리의 고통이 멀어진다. 속도가 점점 빨라진다. 학!학!학! 거센 내 숨소리에 귀가 아플 정도다. 분명 아까는 한 걸음도 못 갈 것 같았는데도 말이다. 그리고 42.195km 피니쉬 지점.

숨을 멈췄다. 후욱! 들이마신 채로 마지막 질주를 한다. 완주! 드디어 다리가 멈춘다. 컥컥 거리며 꼬인 숨을 뱉어내며 웃었다. 아아, 못 할 것 같았는데.. 또 해냈다. 행복하다.

-2019. 10. 27 춘천마라톤 풀코스 3시간 35분 17초 기록으로 완주하며 -

런태기, 잠시 지나가는 권태기

Q 아무리 달려도 예전만큼의 실력이 나오지가 않습니다. 어떻게 해야 하나요?

A '러닝'과 '권태기'의 합성어로, 즐겁던 달리기가 즐겁지 않고 지루하게 느껴지는 것을 뜻한다. 런태기가 오면 어떻게 될까? 달리기가 싫증나지만 아직 목표를 달성하지 못했고, 이 전에는 달리는 것이 너무 재밌어서 그만두고 싶지 않다. 마치 연인사이에 권태기가 왔다가 다시 열렬히 사랑하게 되는 것처럼, 달리기에 대한 싫증도 잠시일 것 같다. 그래서 우리는 런태기를 하루빨리 극복하기 위한 방법을 찾는다.

ZEZE'S TIP

런태기는 벗어나는 것이 아니라 극복하는 것이다

나의 경우는 런태기가 왔을 때 몇 가지를 체크한다. 첫 번째, 날씨 때문이 아닐까? 너무 덥거나 습도가 높으면 달리기가 힘들어져서 쉽게 그만두게 된다. 이럴 때는 비교적 서늘한 밤이나 새벽에 달린다. 두 번째, 뇌가 피로한 건 아닐까? 잦은 운동으로 피로감이 쌓이는 것은 근육만이 아니다. 뇌도 피곤해지면 무기력해질 수 있다. 그럴 때는 식단을 영양가 있는 것으로 채운다. 특히 단백질을 골고루 먹어주자. 마지막으로, 심리적 이유 때문일 때 그럴 때는 휴식도 취하고, 다른 사람들이 달리는 것도 보고, 평소 본인에게 운동자극이 되었던 것들을 찾아다닌다.

ZEZE'S ESSAY

런태기 극복기

쉬고, 자고, 빈둥거려봤지만 좀처럼 달리기가 하고 싶어지지 않는다. '그래도 지금까지 쌓아온 것이 있는데.. 해야지.' 하고 달려보지만 10분도 안되어서 포기한다. 이러면 안되는데... 아직 더 달리고 싶은데. 마음과 머리가 따로 노는 것 같다. 우울한 마음을 안고 달리기를 하는 친구들이 많이 모이는 곳으로 향했다. 평일 저녁 8시, 서울 교육대학교 앞 트랙이 달리는 사람들로 북적인다. 멍하니 벤치에 앉아 이어폰을 꼽고 지켜본다. 첫 바퀴, 다섯 바퀴, 열 바퀴... 친구들의 표정이 환희에 차올랐다가 일그러지기를 반복한다. 어떤 친구는 앞서 가는 친구를 따라잡기 위해 이를 악물고 있다. 학학, 거리는 소리가 여기까지 들리는 듯했다. 후욱 후욱 지나는 땀냄새, 숨소리, 발소리... 예전의 내 모습과 오버랩된다. '맞아. 저랬지. 그랬어. 저게 좋았어. 맞아. 그랬었어.' 이어폰을 뺀다. 옷을 벗어던진다. "나도! 나도 같이 할래!!" 수영장에 다이빙하듯 뛰어들어 그들과 나란히 달린다. 옆의 호흡에 맞춰 나도 호흡하고, 옆의 발 리듬에 맞춰 나도 다리를 들어올린다. 친구의 열정에 감화된다. 그렇게, 다시 열정과 재미를 찾았다.

-2019년 9월 어느 밤/교대트랙에서

RUNNER'S
DIARY

"나에게 실망하지 않도록, 스스로를 사랑할 수 있도록,
시간을 흘려 보내지 않고 살고 싶다."

PART 4

나를 변화시킬 달리기 100일

오늘도 달렸다
RUN RUN RUNNN!!
헉 허억, 헉
마지막은- 질주
먹기위해 달렸도다
비가오나 눈이오나
10KM
느릴지언정 걷지않는다
5KM

선언문 작성

선언문을 작성하는 것은 목표를 이루겠다는 의지를 다짐하는 것이다.
빈칸에 자신만의 의지를 적어보고 100일 동안 되새길 수 있도록 해본다.
이미 달리기를 시작한 이상 우리 모두는 러너다!

나는 느릴지언정 걷지 않는다.
무라카미 하루키

나는 마지막은 질주한다. 무조건.
러너제제

나는 더딜지언정 끝까지 달린다.
김주현

나는 아쉬울망정 후회는 없게 달린다.
호카오네오네 코치 배성훈

나는

러너

RUNNER'S DIARY

달리기 100일 한눈에 보기

러닝 100일 동안 결과를 아래 O, X, △ 등으로 표시해본다.
특별히 하고 싶은 훈련이 있다면 그 내용을 적어도 좋다.

1 다짐의 날	2	3	4	5	6
7	8	9 기초체력 강화	10	11	12
13	14	15	16	17	18
19	20	21	22	23	24
25	26	27	28	29	30
31	32 본격 달리기 연습	33	34	35	36
37	38	39	40	41	42
43	44	45	46	47	48

49	50	51 달리기 레벨업	52	53	54
55	56	57	58	59	60
61	62	63	64	65	66
67	68	69	70	71	72
73	74	75	76	77	78
79	80	81	82	83	84
85	86 영양 강화	87	88	89	90
91	92	93 컨디션 조절	94	95	96
97	98	99	100 목표 달성의 날	나를 이긴날	나를 이긴날

Before Running

- **오늘의 목표** ex **비기너** 20분 걷기+뛰기 / **에이스** 30분 천천히 달리기

- **오늘의 원칙** ex **비기너** 걷는 시간은 2분을 넘기지 않기 / **에이스** 속도 일정하게 유지하기

오늘의 중점 연습				운동 전 컨디션 체크		
□ 거리	□ 강도	□ 보강운동	□ 회복	□ 좋음	□ 보통	□ 나쁨

- **어제보다 좀 더 나은 달리기를 위해 한 것들**
  ex 보강운동, 웨이트, 필라테스, 요가, 식단

- **달릴 때 신경 쓰이는 것들** (신체적인 면)

- **목표 달성을 멀어지게 하는 것들** (생활적인 면 / 정신적인 면)
  ex 가족관계, 회사일, 친구들과의 교류

Start Question

- 100일 목표 달성을 위한 중간점검 미션을 정해보세요. (또는 목표까지의 단계별 중간 점검 미션이 있나요? 있다면 무엇인가요?)

- 목표 달성에 대한 나의 핵심가치나 기본원칙은 무엇인가요?
  ex "느릴지언정 걷지 않는다." "물을 반드시 두 컵 이상 마신다." "아무리 느리게 가고 중간에 걷더라도 마지막은 질주한다." 등의 나만의 원칙

After Running

거리	소요 시간	평균 페이스	총 누적거리
km	: :	/km	km

- **목표 달성 여부**

☐ O ☐ X

- **운동 장소** ex 석촌호수 or 트랙 or 헬스장

운동 강도	운동 후 컨디션 체크
☐ 초특급힘듦 ☐ 힘듦 ☐ 적당함 ☐ 쉬웠음 ☐ 너무 쉬웠음	☐ 좋음 ☐ 보통 ☐ 나쁨

- **운동 후 수행 한 것**

스트레칭	☐ O	☐ X
웜업	☐ O	☐ X
쿨다운	☐ O	☐ X
보강운동	☐ O	☐ X

- **운동 후 통증이 느껴지 곳**

ex
아픈곳 그림에 체크,
어떤 통증인지
구체적으로 쓰기

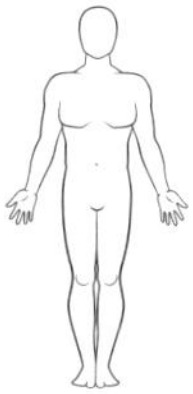

- **오늘의 한 줄**

ex 오늘의 목표 중 어떤 부분이 만족스러운가? 목표 달성을 하지 못했다면 어떤 이유 때문인가?

Start Question

- 달리면서 어떤 생각을 했나요?(또는 주로 어떤 생각을 하며 달렸나요?)

- 오늘은 첫 발을 내디딘 날! 99일 후의 자신에게 하고 싶은 말을 적어보세요

Before Running

- **오늘의 목표** ex **비기너** 21분(1분걷기+2분뛰기)x반복 / **에이스** 30분 천천히 달리기

- **오늘의 원칙** ex **비기너** 속도 일정하게 유지하기 / **에이스** 편안한 호흡 유지하기

오늘의 중점 연습				운동 전 컨디션 체크		
□ 거리	□ 강도	□ 보강운동	□ 회복	□ 좋음	□ 보통	□ 나쁨

- **어제보다 좀 더 나은 달리기를 위해 한 것들**
  ex 보강운동, 웨이트, 필라테스, 요가, 식단

- **달릴 때 신경 쓰이는 것들**(신체적인 면)

- **목표 달성을 멀어지게 하는 것들**(생활적인 면 / 정신적인 면)
  ex 가족관계, 회사일, 친구들과의 교류

Daily Question

- 오늘 컨디션을 좌지우지한 것은 무엇이었나요?

- 목표 달성을 위해 미루게 된 일상이 있나요? 또는, 미루고 싶은 일상이 있나요?

After Running

거리	소요 시간	평균 페이스	총 누적거리
km	: :	/km	km

- **목표 달성 여부**

☐ O ☐ X

- **운동 장소** ex 석촌호수 or 트랙 or 헬스장

운동 강도	운동 후 컨디션 체크
☐ 초특급힘듦 ☐ 힘듦 ☐ 적당함 ☐ 쉬웠음 ☐ 너무 쉬웠음	☐ 좋음 ☐ 보통 ☐ 나쁨

- **운동 후 수행 한 것**

스트레칭	☐ O	☐ X
웜업	☐ O	☐ X
쿨다운	☐ O	☐ X
보강운동	☐ O	☐ X

- **운동 후 통증이 느껴지 곳**

ex
아픈곳 그림에 체크,
어떤 통증인지
구체적으로 쓰기

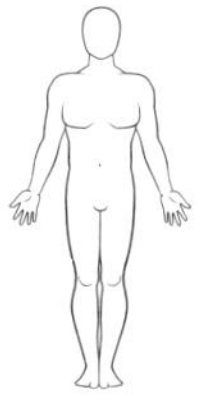

- **오늘의 한 줄**

ex 오늘의 목표 중 어떤 부분이 만족스러운가? 목표 달성을 하지 못했다면 어떤 이유 때문인가?

Daily Question

- 가장 약하다고 생각하는 신체 부위는 어디 인가요?

- 신체를 좌, 우로 나누었을 때 불균형 하다고 생각하는 부위는 어디 인가요?

DAY 3

워밍업 기간

Before Running

- **오늘의 목표** ex **비기너** 24분 (1분걷기+3분뛰기) x 반복 / **에이스** 30분 보통 달리기

- **오늘의 원칙** ex **비기너** 걸을 때 평소보다 보폭 크게 하기 / **에이스** 15분 때 어깨와 팔 흔들어서 긴장 풀기

오늘의 중점 연습				운동 전 컨디션 체크		
□ 거리	□ 강도	□ 보강운동	□ 회복	□ 좋음	□ 보통	□ 나쁨

- **어제보다 좀 더 나은 달리기를 위해 한 것들**
  ex 보강운동, 웨이트, 필라테스, 요가, 식단

- **달릴 때 신경 쓰이는 것들** (신체적인 면)

- **목표 달성을 멀어지게 하는 것들** (생활적인 면 / 정신적인 면)
  ex 가족관계, 회사일, 친구들과의 교류

Daily Question

- 달리기를 생각하면 어떤 감정이 드나요?

- 지금 나에게 있어 달리기란 무엇인가요?

After Running

거리	소요 시간	평균 페이스	총 누적거리
km	: :	/km	km

- **목표 달성 여부**

☐ O ☐ X

- **운동 장소** ex 석촌호수 or 트랙 or 헬스장

운동 강도	운동 후 컨디션 체크
☐ 초특급힘듦 ☐ 힘듦 ☐ 적당함 ☐ 쉬웠음 ☐ 너무 쉬웠음	☐ 좋음 ☐ 보통 ☐ 나쁨

- **운동 후 수행 한 것**

스트레칭	☐ O	☐ X
웜업	☐ O	☐ X
쿨다운	☐ O	☐ X
보강운동	☐ O	☐ X

- **운동 후 통증이 느껴지 곳**

ex
아픈곳 그림에 체크,
어떤 통증인지
구체적으로 쓰기

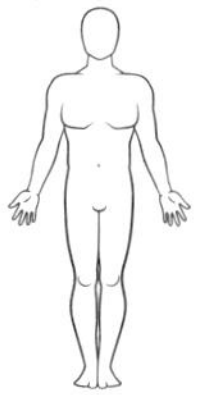

- **오늘의 한 줄**

ex 오늘의 목표 중 어떤 부분이 만족스러운가? 목표 달성을 하지 못했다면 어떤 이유 때문인가?

Daily Question

- 달리면서 주로 어떤 생각을 더 많이 했나요?(달리기에 대한 생각 VS 달리기와 상관 없는 생각)

- 오늘의 달리기에서 뿌듯했거나 후회했던 순간이 있나요?

ex 마지막 100m를 전력질주 했다.

Before Running

- **오늘의 목표** ex **비기너** 24분(1분걷기+3분뛰기)x 반복 / **에이스** 30분 보통 달리기

- **오늘의 원칙** ex **비기너** 마지막은 4분 뛰기 / **에이스** 마지막 500m 빠르게 달리기

오늘의 중점 연습	운동 전 컨디션 체크
□ 거리 □ 강도 □ 보강운동 □ 회복	□ 좋음 □ 보통 □ 나쁨

- **어제보다 좀 더 나은 달리기를 위해 한 것들**
  ex 보강운동, 웨이트, 필라테스, 요가, 식단

- **달릴 때 신경 쓰이는 것들** (신체적인 면)

- **목표 달성을 멀어지게 하는 것들** (생활적인 면 / 정신적인 면)
  ex 가족관계, 회사일, 친구들과의 교류

Daily Question

- 오늘 날씨는 어떤가요? 기후, 온도, 습도를 고려하여 구체적으로 적어보세요.

- 오늘 달리기 복장은 날씨에 적합한가요? 준비한 복장을 적어보세요.

새벽공기를 마시며, 뺨에 스치는 바람을 느낄 때 마치 내가 바람을 향해 달려가는 기분이 든다. 이호진

After Running

거리	소요 시간	평균 페이스	총 누적거리
km	: :	/km	km

- **목표 달성 여부**

☐ O ☐ X

- **운동 장소** ex 석촌호수 or 트랙 or 헬스장

운동 강도	운동 후 컨디션 체크
☐ 초특급힘듦 ☐ 힘듦 ☐ 적당함 ☐ 쉬웠음 ☐ 너무 쉬웠음	☐ 좋음 ☐ 보통 ☐ 나쁨

- **운동 후 수행 한 것**

스트레칭	☐ O	☐ X
웜업	☐ O	☐ X
쿨다운	☐ O	☐ X
보강운동	☐ O	☐ X

- **운동 후 통증이 느껴지 곳**

ex
아픈곳 그림에 체크,
어떤 통증인지
구체적으로 쓰기

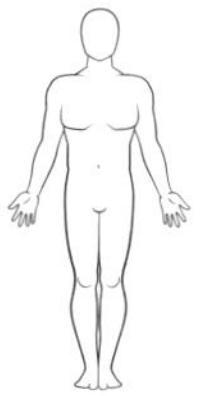

- **오늘의 한 줄**

ex 오늘의 목표 중 어떤 부분이 만족스러운가? 목표 달성을 하지 못했다면 어떤 이유 때문인가?

Daily Question

- 달릴 때 날씨가 어떻게 느껴졌나요

ex 습도가 높아 숨쉬기 힘듦, 추워서 손끝이 아픔 등.

- 달릴 때 복장은 편안했나요? 다음 달리기 복장에 고려해야 할 점이 있나요?

Before Running

- **오늘의 목표** ex **비기너** 24분(1분걷기+3분뛰기)x반복 / **에이스** 40분 보통 달리기

- **오늘의 원칙** ex **비기너** 걸을 때 평소보다 보폭 크게 하기 / **에이스** 마지막 5분 빠르게 달리기

오늘의 중점 연습	운동 전 컨디션 체크
□ 거리 □ 강도 □ 보강운동 □ 회복	□ 좋음 □ 보통 □ 나쁨

- **어제보다 좀 더 나은 달리기를 위해 한 것들**
  ex 보강운동, 웨이트, 필라테스, 요가, 식단

- **달릴 때 신경 쓰이는 것들**(신체적인 면)

- **목표 달성을 멀어지게 하는 것들**(생활적인 면 / 정신적인 면)
  ex 가족관계, 회사일, 친구들과의 교류

Daily Question

- 오늘 하루 일과는 어땠나요?

- 달리기를 통해 바뀌었으면 하는 자신의 모습이 있나요? 내가 바라는 나는 어떤 모습인가요?

After Running »»

거리	소요 시간	평균 페이스	총 누적거리
km	: :	/km	km

- **목표 달성 여부**

□ O □ X

- **운동 장소** ex 석촌호수 or 트랙 or 헬스장

운동 강도	운동 후 컨디션 체크
□ 초특급힘듦 □ 힘듦 □ 적당함 □ 쉬웠음 □ 너무 쉬웠음	□ 좋음 □ 보통 □ 나쁨

- **운동 후 수행 한 것**

스트레칭	□ O	□ X
웜업	□ O	□ X
쿨다운	□ O	□ X
보강운동	□ O	□ X

- **운동 후 통증이 느껴지 곳**

ex
아픈곳 그림에 체크,
어떤 통증인지
구체적으로 쓰기

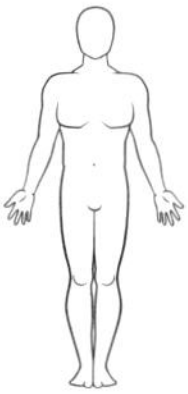

- **오늘의 한 줄**

ex 오늘의 목표 중 어떤 부분이 만족스러운가? 목표 달성을 하지 못했다면 어떤 이유 때문인가?

Daily Question

- 달릴 때와 달리기 이후 어떤 감정들이 들었나요?

달릴 때

달리기 이후

- 자신이 세운 오늘의 원칙을 지키기 위해 노력했던 순간을 적어보세요.

Before Running

- **오늘의 목표** ex **비기너** 16분(2분걷기+2분뛰기)x반복 / **에이스** 15분 천천히 달리기

- **오늘의 원칙** ex **공통** 편안한 호흡 유지하기

오늘의 중점 연습	운동 전 컨디션 체크
□ 거리　□ 강도　□ 보강운동　□ 회복	□ 좋음　□ 보통　□ 나쁨

- **어제보다 좀 더 나은 달리기를 위해 한 것들**
  ex 보강운동, 웨이트, 필라테스, 요가, 식단

- **달릴 때 신경 쓰이는 것들**(신체적인 면)

- **목표 달성을 멀어지게 하는 것들**(생활적인 면 / 정신적인 면)
  ex 가족관계, 회사일, 친구들과의 교류

Daily Question

- 아침, 점심, 저녁 시간대별 몸 상태는 어떠한가요?

- 신체 부위 중 강화시키고 싶은 곳은 어디인가요? 그리고 강화하기 위해 하고 있는 것은 무엇인가요?

After Running

거리	소요 시간	평균 페이스	총 누적거리
km	: :	/km	km

- **목표 달성 여부**

☐ O ☐ X

- **운동 장소** ex 석촌호수 or 트랙 or 헬스장

운동 강도	운동 후 컨디션 체크
☐ 초특급힘듦 ☐ 힘듦 ☐ 적당함 ☐ 쉬웠음 ☐ 너무 쉬웠음	☐ 좋음 ☐ 보통 ☐ 나쁨

- **운동 후 수행 한 것**

스트레칭	☐ O	☐ X
웜업	☐ O	☐ X
쿨다운	☐ O	☐ X
보강운동	☐ O	☐ X

- **운동 후 통증이 느껴지 곳**

ex
아픈곳 그림에 체크,
어떤 통증인지
구체적으로 쓰기

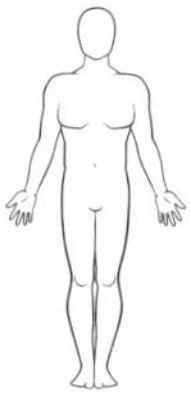

- **오늘의 한 줄**

ex 오늘의 목표 중 어떤 부분이 만족스러운가? 목표 달성을 하지 못했다면 어떤 이유 때문인가?

Daily Question

- 오늘 달릴 때 몸 상태는 어땠나요? 1일차와 오늘을 비교하여 적어보세요.

- 달린 후 수분과 영양보충은 어떻게 했나요?

DAY 7

워밍업 기간

Before Running

- **오늘의 목표** ex **비기너** 20분 걷지 않고 달리기 / **에이스** 60분 달리기

- **오늘의 원칙** ex **비기너** 느림지언정 걷지 않기 / **에이스** 30분 보통 달리기, 30분 빠르게 달리기

오늘의 중점 연습				운동 전 컨디션 체크		
□ 거리	□ 강도	□ 보강운동	□ 회복	□ 좋음	□ 보통	□ 나쁨

- **어제보다 좀 더 나은 달리기를 위해 한 것들**
  ex 보강운동, 웨이트, 필라테스, 요가, 식단

- **달릴 때 신경 쓰이는 것들** (신체적인 면)

- **목표 달성을 멀어지게 하는 것들** (생활적인 면 / 정신적인 면)
  ex 가족관계, 회사일, 친구들과의 교류

Daily Question 메인운동

- 오늘 신을 운동화는 무엇인가요? 밑창과 쿠션의 상태는 어떠한가요?

- 오늘 달릴 장소의 장점은 무엇인가요??

  □ 신호등이 없다 □ 장애물이 없다
  □ 접근성이 좋다 □ 기타( )

After Running

거리	소요 시간	평균 페이스	총 누적거리
km	: :	/km	km

- **목표 달성 여부**

☐ O ☐ X

- **운동 장소** ex 석촌호수 or 트랙 or 헬스장

운동 강도					운동 후 컨디션 체크		
☐ 초특급힘듦	☐ 힘듦	☐ 적당함	☐ 쉬웠음	☐ 너무 쉬웠음	☐ 좋음	☐ 보통	☐ 나쁨

- **운동 후 수행 한 것**

스트레칭	☐ O	☐ X
웜업	☐ O	☐ X
쿨다운	☐ O	☐ X
보강운동	☐ O	☐ X

- **운동 후 통증이 느껴지 곳**

ex
아픈곳 그림에 체크,
어떤 통증인지
구체적으로 쓰기

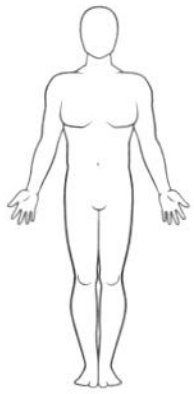

- **오늘의 한 줄**

ex 오늘의 목표 중 어떤 부분이 만족스러운가? 목표 달성을 하지 못했다면 어떤 이유 때문인가?

Daily Question

- 오늘 달릴 때 가장 좋았던 순간은 언제였나요?

- 오늘 달릴 때 가장 힘들었던 순간은 언제였나요?

DAY 8

워밍업 기간

Before Running

- **오늘의 목표** ex 공통 회복을 위한 스트레칭 20분 이상 하기

- **오늘의 원칙** ex 공통 거울, 동영상촬영 등을 이용하여 정확한 자세인지 체크하기

오늘의 중점 연습	운동 전 컨디션 체크
□ 거리 □ 강도 □ 보강운동 □ 회복	□ 좋음 □ 보통 □ 나쁨

- **어제보다 좀 더 나은 달리기를 위해 한 것들**
  ex 보강운동, 웨이트, 필라테스, 요가, 식단

- **달릴 때 신경 쓰이는 것들** (신체적인 면)

- **목표 달성을 멀어지게 하는 것들** (생활적인 면 / 정신적인 면)
  ex 가족관계, 회사일, 친구들과의 교류

Weekly Question 회복

- 나의 최종 목표는 무엇이고, 중간 목표는 무엇이었나요?

- 달리기 계획 시 아래의 것 중 어떤 부분에 중점을 두고 있나요? (복수선택 가능)

  □ 거리 □ 강도
  □ 빈도 □ 일관성

After Running

거리	소요 시간	평균 페이스	총 누적거리
km	: :	/km	km

- **목표 달성 여부**

☐ 0 ☐ X

- **운동 장소** ex 석촌호수 or 트랙 or 헬스장

운동 강도	운동 후 컨디션 체크
☐ 초특급힘듦 ☐ 힘듦 ☐ 적당함 ☐ 쉬웠음 ☐ 너무 쉬웠음	☐ 좋음 ☐ 보통 ☐ 나쁨

- **운동 후 수행 한 것**

스트레칭 ☐ 0 ☐ X
웜업 ☐ 0 ☐ X
쿨다운 ☐ 0 ☐ X
보강운동 ☐ 0 ☐ X

- **운동 후 통증이 느껴지 곳**

ex
아픈곳 그림에 체크,
어떤 통증인지
구체적으로 쓰기

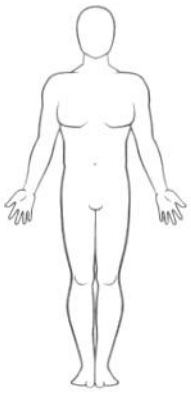

- **오늘의 한 줄**

ex 오늘의 목표 중 어떤 부분이 만족스러운가? 목표 달성을 하지 못했다면 어떤 이유 때문인가?

Weekly Question

- 지난 주 달리는 동안 언제 가장 즐거웠나요? 어떤 부분이 즐거웠나요?

- 지난 주 달리는 동안 언제 가장 힘들었나요? 어떤 부분이 힘들었나요?

Before Running »

- **오늘의 목표** ex 공통 2km 천천히 달리기+회복을 위한 스트레칭 20분 이상 하기

- **오늘의 원칙** ex 공통 탄수화물과 단백질이 포함된 양질의 식사하기

오늘의 중점 연습				운동 전 컨디션 체크		
□ 거리	□ 강도	□ 보강운동	□ 회복	□ 좋음	□ 보통	□ 나쁨

- **어제보다 좀 더 나은 달리기를 위해 한 것들**
  ex 보강운동, 웨이트, 필라테스, 요가, 식단

- **달릴 때 신경 쓰이는 것들** (신체적인 면)

- **목표 달성을 멀어지게 하는 것들** (생활적인 면 / 정신적인 면)
  ex 가족관계, 회사일, 친구들과의 교류

Daily Question

- 내가 자주 달리는 장소의 특징 및 장점은 무엇인가요?

- 언덕과 내리막이 번갈아 있는 달리기 장소를 알고 있나요? 있다면 어디인가요? (없다면 찾아보세요)

After Running

거리	소요 시간	평균 페이스	총 누적거리
km	: :	/km	km

- **목표 달성 여부**

☐ O ☐ X

- **운동 장소** ex 석촌호수 or 트랙 or 헬스장

운동 강도	운동 후 컨디션 체크
☐ 초특급힘듦 ☐ 힘듦 ☐ 적당함 ☐ 쉬웠음 ☐ 너무 쉬웠음	☐ 좋음 ☐ 보통 ☐ 나쁨

- **운동 후 수행 한 것**

스트레칭 ☐ O ☐ X
웜업 ☐ O ☐ X
쿨다운 ☐ O ☐ X
보강운동 ☐ O ☐ X

- **운동 후 통증이 느껴지 곳**

ex
아픈곳 그림에 체크,
어떤 통증인지
구체적으로 쓰기

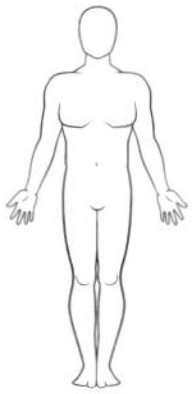

- **오늘의 한 줄**

ex 오늘의 목표 중 어떤 부분이 만족스러운가? 목표 달성을 하지 못했다면 어떤 이유 때문인가?

Daily Question

- 가장 약하다고 생각하는 신체부위는 어디인가요? (구체적으로 적어보세요)

- 약한 신체부위를 강화하기 위해선 어떤 보강운동이 좋을까요?

Before Running »

- **오늘의 목표** ex **비기너** 3km 천천히 달리기 / **에이스** 5km 천천히 달리기

- **오늘의 원칙** ex **비기너** 편안한 호흡 유지하기 / **에이스** 마지막 100m 빠르게 달리기

오늘의 중점 연습				운동 전 컨디션 체크		
□ 거리	□ 강도	□ 보강운동	□ 회복	□ 좋음	□ 보통	□ 나쁨

- **어제보다 좀 더 나은 달리기를 위해 한 것들**
  ex 보강운동, 웨이트, 필라테스, 요가, 식단

- **달릴 때 신경 쓰이는 것들** (신체적인 면)

- **목표 달성을 멀어지게 하는 것들** (생활적인 면 / 정신적인 면)
  ex 가족관계, 회사일, 친구들과의 교류

Daily Question

- 오늘의 목표를 설정할 때 어떤 것을 가장 고려했나요?

□ 생활패턴　□ 컨디션
□ 운동계획　□ 감정
□ 기타(　　)

- 오늘의 원칙을 설정할 때 어떤 것을 가장 고려했나요?

□ 목표 달성　□ 인내
□ 안전　□ 생활
□ 기타(　　)

바쁜 삶에 시간을 쪼개 할 수 있는 유일한 일탈! 1km도 괜찮다 기분 좋으니까. 유진욱

After Running

거리	소요 시간	평균 페이스	총 누적거리
km	:　:	/km	km

- **목표 달성 여부**

☐ O　☐ X

- **운동 장소** ex 석촌호수 or 트랙 or 헬스장

운동 강도	운동 후 컨디션 체크
☐ 초특급힘듦 ☐ 힘듦 ☐ 적당함 ☐ 쉬웠음 ☐ 너무 쉬웠음	☐ 좋음 ☐ 보통 ☐ 나쁨

- **운동 후 수행 한 것**

스트레칭	☐ O	☐ X
웜업	☐ O	☐ X
쿨다운	☐ O	☐ X
보강운동	☐ O	☐ X

- **운동 후 통증이 느껴지 곳**

ex
아픈곳 그림에 체크,
어떤 통증인지
구체적으로 쓰기

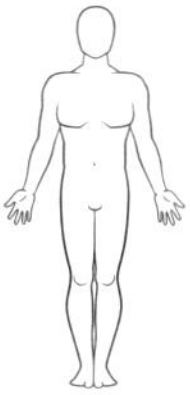

- **오늘의 한 줄**

ex 오늘의 목표 중 어떤 부분이 만족스러운가? 목표 달성을 하지 못했다면 어떤 이유 때문인가?

Daily Question

- 오늘 달리기 중 가장 속도가 좋았던 때는 언제, 어떤 상황이었나요?

- 오늘 달리고 난 후 가장 먼저 한 행동은 무엇이었나요?

Before Running

- **오늘의 목표** ex **비기너** 3km 보통 달리기 / **에이스** 7km 보통 달리기

- **오늘의 원칙** ex **비기너** 느릴지언정 걷지 않기 / **에이스** 천천히 달리기 시작해서 점점 빨라지게 달리기

오늘의 중점 연습				운동 전 컨디션 체크		
□ 거리	□ 강도	□ 보강운동	□ 회복	□ 좋음	□ 보통	□ 나쁨

- **어제보다 좀 더 나은 달리기를 위해 한 것들**
  ex 보강운동, 웨이트, 필라테스, 요가, 식단

- **달릴 때 신경 쓰이는 것들** (신체적인 면)

- **목표 달성을 멀어지게 하는 것들** (생활적인 면 / 정신적인 면)
  ex 가족관계, 회사일, 친구들과의 교류

Daily Question

- 평소 달리는 시간대는 언제인가요?

- 평소 달리는 시간대의 주변 풍경은 어떠한가요?

After Running

거리	소요 시간	평균 페이스	총 누적거리
km	: :	/km	km

- **목표 달성 여부**

☐ O ☐ X

- **운동 장소** ex 석촌호수 or 트랙 or 헬스장

운동 강도	운동 후 컨디션 체크
☐ 초특급힘듦 ☐ 힘듦 ☐ 적당함 ☐ 쉬웠음 ☐ 너무 쉬웠음	☐ 좋음 ☐ 보통 ☐ 나쁨

- **운동 후 수행 한 것**

스트레칭	☐ O	☐ X
웜업	☐ O	☐ X
쿨다운	☐ O	☐ X
보강운동	☐ O	☐ X

- **운동 후 통증이 느껴지 곳**

ex
아픈곳 그림에 체크,
어떤 통증인지
구체적으로 쓰기

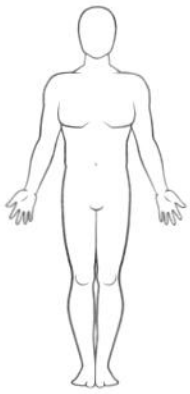

- **오늘의 한 줄**

ex 오늘의 목표 중 어떤 부분이 만족스러운가? 목표 달성을 하지 못했다면 어떤 이유 때문인가?

Daily Question

- 달린 후 수분과 영양보충은 어떻게 했나요?

- 달린 후 스트레칭은 어디를 중점적으로 했나요? (하지 않았다면 할 부분을 적어보세요)

Before Running

- **오늘의 목표** ex **비기너** 3km 빠르게 달리기 / **에이스** 5km 빠르게 달리기

- **오늘의 원칙** ex **비기너** 달리기 처음과 끝 속도가 같게하기 / **에이스** 마지막 100m 빠르게 달리기

오늘의 중점 연습				운동 전 컨디션 체크		
□ 거리	□ 강도	□ 보강운동	□ 회복	□ 좋음	□ 보통	□ 나쁨

- **어제보다 좀 더 나은 달리기를 위해 한 것들**
  ex 보강운동, 웨이트, 필라테스, 요가, 식단

- **달릴 때 신경 쓰이는 것들** (신체적인 면)

- **목표 달성을 멀어지게 하는 것들** (생활적인 면 / 정신적인 면)
  ex 가족관계, 회사일, 친구들과의 교류

Daily Question

- 오늘 기분은 어떤가요?

- 특별히 통증이 느껴지거나, 불안한 신체부분이 있나요?

After Running

거리	소요 시간	평균 페이스	총 누적거리
km	: :	/km	km

- **목표 달성 여부**

☐ O ☐ X

- **운동 장소** ex 석촌호수 or 트랙 or 헬스장

운동 강도	운동 후 컨디션 체크
☐ 초특급힘듦 ☐ 힘듦 ☐ 적당함 ☐ 쉬웠음 ☐ 너무 쉬웠음	☐ 좋음 ☐ 보통 ☐ 나쁨

- **운동 후 수행 한 것**

스트레칭	☐ O	☐ X
웜업	☐ O	☐ X
쿨다운	☐ O	☐ X
보강운동	☐ O	☐ X

- **운동 후 통증이 느껴지 곳**

ex
아픈곳 그림에 체크,
어떤 통증인지
구체적으로 쓰기

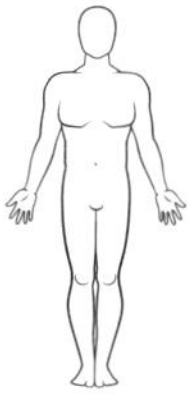

- **오늘의 한 줄**

ex 오늘의 목표 중 어떤 부분이 만족스러운가? 목표 달성을 하지 못했다면 어떤 이유 때문인가?

Daily Question

- 달리는 자세 중 신경 쓰이는 부분은 무엇인가요?

- 다른 사람의 달리는 자세를 본 적 있나요? 나의 자세와 무엇이 달랐나요?

Before Running

- **오늘의 목표** ex 공통 2km 보통 달리기 + 100m 질주 2회 달리기

- **오늘의 원칙** ex 공통 물 2L이상 마시기

오늘의 중점 연습	운동 전 컨디션 체크
□ 거리 □ 강도 □ 보강운동 □ 회복	□ 좋음 □ 보통 □ 나쁨

- **어제보다 좀 더 나은 달리기를 위해 한 것들**
ex 보강운동, 웨이트, 필라테스, 요가, 식단

- **달릴 때 신경 쓰이는 것들** (신체적인 면)

- **목표 달성을 멀어지게 하는 것들** (생활적인 면 / 정신적인 면)
ex 가족관계, 회사일, 친구들과의 교류

Daily Question

- 지금까지 오늘의 목표를 총 몇 번 달성했나요?

- 지금까지 가장 힘들었던 오늘의 목표는 무엇이었나요?

After Running

거리	소요 시간	평균 페이스	총 누적거리
km	: :	/km	km

- **목표 달성 여부**

☐ O ☐ X

- **운동 장소** ex 석촌호수 or 트랙 or 헬스장

운동 강도	운동 후 컨디션 체크
☐ 초특급힘듦 ☐ 힘듦 ☐ 적당함 ☐ 쉬웠음 ☐ 너무 쉬웠음	☐ 좋음 ☐ 보통 ☐ 나쁨

- **운동 후 수행 한 것**

스트레칭	☐ O	☐ X
웜업	☐ O	☐ X
쿨다운	☐ O	☐ X
보강운동	☐ O	☐ X

- **운동 후 통증이 느껴지 곳**

ex
아픈곳 그림에 체크,
어떤 통증인지
구체적으로 쓰기

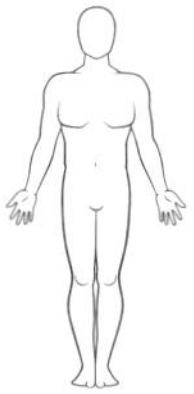

- **오늘의 한 줄**

ex 오늘의 목표 중 어떤 부분이 만족스러운가? 목표 달성을 하지 못했다면 어떤 이유 때문인가?

Daily Question

- 달리면서 어떤 생각을 했나요?

- 달리고 난 후 감정은 어떠한가요?

Before Running

- **오늘의 목표** ex **비기너** 4km 빠르게 달리기 / **에이스** 10km 빠르게 달리기

- **오늘의 원칙** ex **공통** 마지막 100m 질주하기

오늘의 중점 연습				운동 전 컨디션 체크		
□ 거리	□ 강도	□ 보강운동	□ 회복	□ 좋음	□ 보통	□ 나쁨

- **어제보다 좀 더 나은 달리기를 위해 한 것들**
  ex 보강운동, 웨이트, 필라테스, 요가, 식단

- **달릴 때 신경 쓰이는 것들** (신체적인 면)

- **목표 달성을 멀어지게 하는 것들** (생활적인 면 / 정신적인 면)
  ex 가족관계, 회사일, 친구들과의 교류

Daily Question 메인운동

- 오늘 하루 일과는 어땠나요?

- 달리기 전 나의 감정 상태는 어떠한가요?

After Running

거리	소요 시간	평균 페이스	총 누적거리
km	: :	/km	km

- **목표 달성 여부**

☐ O ☐ X

- **운동 장소** ex 석촌호수 or 트랙 or 헬스장

운동 강도	운동 후 컨디션 체크
☐ 초특급힘듦 ☐ 힘듦 ☐ 적당함 ☐ 쉬웠음 ☐ 너무 쉬웠음	☐ 좋음 ☐ 보통 ☐ 나쁨

- **운동 후 수행 한 것**

스트레칭	☐ O	☐ X
웜업	☐ O	☐ X
쿨다운	☐ O	☐ X
보강운동	☐ O	☐ X

- **운동 후 통증이 느껴지 곳**

ex
아픈곳 그림에 체크,
어떤 통증인지
구체적으로 쓰기

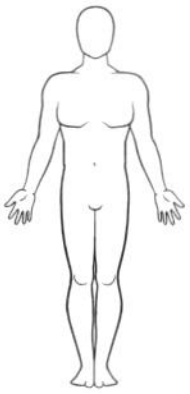

- **오늘의 한 줄**

ex 오늘의 목표 중 어떤 부분이 만족스러운가? 목표 달성을 하지 못했다면 어떤 이유 때문인가?

Daily Question

- 오늘 달리면서 가장 힘들었던 때는 언제였나요?

- 힘들었지만 오늘의 목표를 달성한 자신에게 한마디 해주세요.

Before Running

- **오늘의 목표** ex **공통** 2km 천천히 달리기+회복을 위한 스트레칭 20분 이상 하기

- **오늘의 원칙** ex **공통** 탄수화물과 단백질이 포함된 양질의 식사하기

오늘의 중점 연습	운동 전 컨디션 체크
□ 거리 □ 강도 □ 보강운동 □ 회복	□ 좋음 □ 보통 □ 나쁨

- **어제보다 좀 더 나은 달리기를 위해 한 것들**
  ex 보강운동, 웨이트, 필라테스, 요가, 식단

- **달릴 때 신경 쓰이는 것들** (신체적인 면)

- **목표 달성을 멀어지게 하는 것들** (생활적인 면 / 정신적인 면)
  ex 가족관계, 회사일, 친구들과의 교류

Weekly Question 휴식

- 어떤 일이 나의 컨디션을 좌지우지 하는가요?

- 어떤 일들이 나의 달리기에 영향을 끼치나요?

After Running

거리	소요 시간	평균 페이스	총 누적거리
km	: :	/km	km

목표 달성 여부

□ O　□ X

운동 장소
ex 석촌호수 or 트랙 or 헬스장

운동 강도	운동 후 컨디션 체크
□ 초특급힘듦 □ 힘듦 □ 적당함 □ 쉬웠음 □ 너무 쉬웠음	□ 좋음 □ 보통 □ 나쁨

운동 후 수행 한 것

스트레칭	□ O	□ X
웜업	□ O	□ X
쿨다운	□ O	□ X
보강운동	□ O	□ X

운동 후 통증이 느껴지 곳

ex
아픈곳 그림에 체크,
어떤 통증인지
구체적으로 쓰기

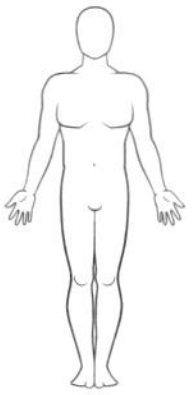

오늘의 한 줄
ex 오늘의 목표 중 어떤 부분이 만족스러운가? 목표 달성을 하지 못했다면 어떤 이유 때문인가?

Weekly Question

- 달리기가 나를 어떻게 변화시키고 있는 것 같나요?
- 나는 달리기가 어떤 점이 좋은가요?

Before Running »

- **오늘의 목표** ex **비기너** 3km 보통 달리기 / **에이스** 5km 보통 달리기

- **오늘의 원칙** ex **공통** 일정한 호흡 유지하며 달리기, 마지막 100m 질주하기

오늘의 중점 연습	운동 전 컨디션 체크
□ 거리 □ 강도 □ 보강운동 □ 회복	□ 좋음 □ 보통 □ 나쁨

- **어제보다 좀 더 나은 달리기를 위해 한 것들**
  ex 보강운동, 웨이트, 필라테스, 요가, 식단

- **달릴 때 신경 쓰이는 것들** (신체적인 면)

- **목표 달성을 멀어지게 하는 것들** (생활적인 면 / 정신적인 면)
  ex 가족관계, 회사일, 친구들과의 교류

Daily Question

- 오늘의 목표를 설정할 때 어떤 것을 가장 고려했나요?

□ 생활패턴 □ 컨디션

□ 운동계획 □ 감정

□ 기타(   )

- 오늘의 원칙을 설정할 때 어떤 것을 가장 고려했나요?

□ 목표 달성 □ 인내

□ 안전 □ 생활

□ 기타(   )

After Running

거리	소요 시간	평균 페이스	총 누적거리
km	: :	/km	km

- **목표 달성 여부**

☐ O ☐ X

- **운동 장소** ex 석촌호수 or 트랙 or 헬스장

운동 강도	운동 후 컨디션 체크
☐ 초특급힘듦 ☐ 힘듦 ☐ 적당함 ☐ 쉬웠음 ☐ 너무 쉬웠음	☐ 좋음 ☐ 보통 ☐ 나쁨

- **운동 후 수행 한 것**

스트레칭	☐ O	☐ X
웜업	☐ O	☐ X
쿨다운	☐ O	☐ X
보강운동	☐ O	☐ X

- **운동 후 통증이 느껴지 곳**

ex
아픈곳 그림에 체크,
어떤 통증인지
구체적으로 쓰기

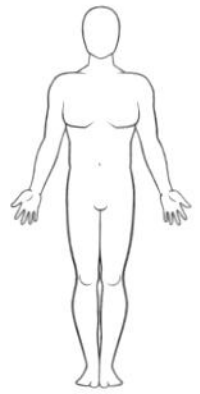

- **오늘의 한 줄**

ex 오늘의 목표 중 어떤 부분이 만족스러운가? 목표 달성을 하지 못했다면 어떤 이유 때문인가?

Daily Question

- 달리기가 힘들었을 때 어떤 것이 가장 먼저 힘들어졌나요?

☐ 호흡 ☐ 근력

☐ 갈증 ☐ 기타( )

- 힘들었던 순간에 어떤 마음으로 견뎠나요?

Before Running

- **오늘의 목표** ex **비기너** 4.5km 보통 달리기 / **에이스** 7km 보통 달리기

- **오늘의 원칙** ex **비기너** 걷지 않기, 2km 지점에서 팔과 어깨 돌려주기 / **에이스** 후반으로 갈수록 빨라지도록 달리기

오늘의 중점 연습	운동 전 컨디션 체크
□ 거리 □ 강도 □ 보강운동 □ 회복	□ 좋음 □ 보통 □ 나쁨

- **어제보다 좀 더 나은 달리기를 위해 한 것들**
  ex 보강운동, 웨이트, 필라테스, 요가, 식단

- **달릴 때 신경 쓰이는 것들** (신체적인 면)

- **목표 달성을 멀어지게 하는 것들** (생활적인 면 / 정신적인 면)
  ex 가족관계, 회사일, 친구들과의 교류

Daily Question

- 오늘의 스트레스 지수는 어떤가요?

- 신체 회복을 방해하는 요소가 있나요?

After Running

거리	소요 시간	평균 페이스	총 누적거리
km	: :	/km	km

- **목표 달성 여부**

☐ O ☐ X

- **운동 장소** ex 석촌호수 or 트랙 or 헬스장

운동 강도	운동 후 컨디션 체크
☐ 초특급힘듦 ☐ 힘듦 ☐ 적당함 ☐ 쉬웠음 ☐ 너무 쉬웠음	☐ 좋음 ☐ 보통 ☐ 나쁨

- **운동 후 수행 한 것**

스트레칭	☐ O	☐ X
웜업	☐ O	☐ X
쿨다운	☐ O	☐ X
보강운동	☐ O	☐ X

- **운동 후 통증이 느껴지 곳**

ex
아픈곳 그림에 체크,
어떤 통증인지
구체적으로 쓰기

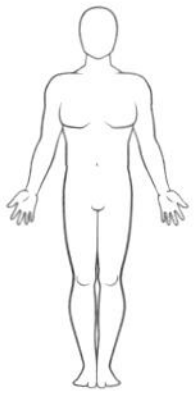

- **오늘의 한 줄**

ex 오늘의 목표 중 어떤 부분이 만족스러운가? 목표 달성을 하지 못했다면 어떤 이유 때문인가?

Daily Question

- 달리면서 힘들 때 어떤 말을 듣고 싶었나요?

- 목표로 한 달리기가 끝나고 어떤 말을 듣고 싶나요? 꼭 주변 사람이 아닌 스스로에게 하는 말이어도 좋습니다.

Before Running

- **오늘의 목표** ex **비기너** 3km 빠르게 달리기 / **에이스** 5km 빠르게 달리기

- **오늘의 원칙** ex **공통** 마지막 100m 질주하기

오늘의 중점 연습	운동 전 컨디션 체크
□ 거리 □ 강도 □ 보강운동 □ 회복	□ 좋음 □ 보통 □ 나쁨

- **어제보다 좀 더 나은 달리기를 위해 한 것들**
  ex 보강운동, 웨이트, 필라테스, 요가, 식단

- **달릴 때 신경 쓰이는 것들** (신체적인 면)

- **목표 달성을 멀어지게 하는 것들** (생활적인 면 / 정신적인 면)
  ex 가족관계, 회사일, 친구들과의 교류

Daily Question

- 스스로 역량을 얼마만큼 알고 있나요? 최선을 다해 달렸을 때의 거리와 속도를 예상하여 구체적으로 적어보세요.

- 스스로 역량을 확인할 날짜를 선정해 보세요.(중간목표 설정)

After Running

거리	소요 시간	평균 페이스	총 누적거리
km	: :	/km	km

- **목표 달성 여부**

☐ O ☐ X

- **운동 장소** ex 석촌호수 or 트랙 or 헬스장

운동 강도	운동 후 컨디션 체크
☐ 초특급힘듦 ☐ 힘듦 ☐ 적당함 ☐ 쉬웠음 ☐ 너무 쉬웠음	☐ 좋음 ☐ 보통 ☐ 나쁨

- **운동 후 수행 한 것**

스트레칭	☐ O	☐ X
웜업	☐ O	☐ X
쿨다운	☐ O	☐ X
보강운동	☐ O	☐ X

- **운동 후 통증이 느껴지 곳**

ex
아픈곳 그림에 체크,
어떤 통증인지
구체적으로 쓰기

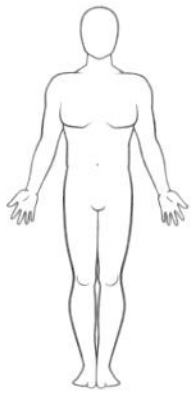

- **오늘의 한 줄**

ex 오늘의 목표 중 어떤 부분이 만족스러운가? 목표 달성을 하지 못했다면 어떤 이유 때문인가?

Daily Question

- 오늘 달릴 때 호흡이 거칠어지는 순간은 언제였나요?

- 오늘 달릴 때 다리가 무겁게 느껴지는 순간은 언제였나요?

Before Running

- **오늘의 목표** ex **비기너** 4km 보통 달리기 / **에이스** 7km 보통 달리기

- **오늘의 원칙** ex **비기너** 후반으로 갈수록 빨라지도록 달리기 / **에이스** 후반 1km 빠르게 달리기, 마지막 100m 질주하기

오늘의 중점 연습				운동 전 컨디션 체크		
□ 거리	□ 강도	□ 보강운동	□ 회복	□ 좋음	□ 보통	□ 나쁨

- **어제보다 좀 더 나은 달리기를 위해 한 것들**
ex 보강운동, 웨이트, 필라테스, 요가, 식단

- **달릴 때 신경 쓰이는 것들** (신체적인 면)

- **목표 달성을 멀어지게 하는 것들** (생활적인 면 / 정신적인 면)
ex 가족관계, 회사일, 친구들과의 교류

Daily Question

- 목표를 달성했을 때 스스로에게 어떤 보상을 주고 싶나요?

- 목표를 달성한 기쁨을 누구에게 알리고 싶나요?

After Running

거리	소요 시간	평균 페이스	총 누적거리
km	: :	/km	km

- **목표 달성 여부**

☐ O ☐ X

- **운동 장소** ex 석촌호수 or 트랙 or 헬스장

운동 강도					운동 후 컨디션 체크		
☐ 초특급힘듦	☐ 힘듦	☐ 적당함	☐ 쉬웠음	☐ 너무 쉬웠음	☐ 좋음	☐ 보통	☐ 나쁨

- **운동 후 수행 한 것**

스트레칭	☐ O	☐ X
웜업	☐ O	☐ X
쿨다운	☐ O	☐ X
보강운동	☐ O	☐ X

- **운동 후 통증이 느껴지 곳**

ex
아픈곳 그림에 체크,
어떤 통증인지
구체적으로 쓰기

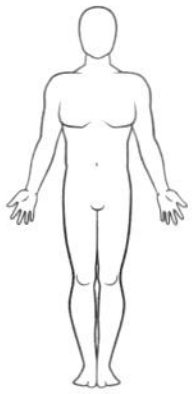

- **오늘의 한 줄**

ex 오늘의 목표 중 어떤 부분이 만족스러운가? 목표 달성을 하지 못했다면 어떤 이유 때문인가?

Daily Question

- 오늘, 나 자신을 칭찬해 주고 싶은 것은 무엇인가요?

- 그동안 충분한 휴식을 취한 적이 있나요?

Before Running

- **오늘의 목표** ex 공통 2km 천천히 달리기+10분 휴식+100m 질주하기

- **오늘의 원칙** ex 공통 천천히 달릴 때 일정한 호흡 유지하기

오늘의 중점 연습				운동 전 컨디션 체크		
□ 거리	□ 강도	□ 보강운동	□ 회복	□ 좋음	□ 보통	□ 나쁨

- **어제보다 좀 더 나은 달리기를 위해 한 것들**
  ex 보강운동, 웨이트, 필라테스, 요가, 식단

- **달릴 때 신경 쓰이는 것들** (신체적인 면)

- **목표 달성을 멀어지게 하는 것들** (생활적인 면 / 정신적인 면)
  ex 가족관계, 회사일, 친구들과의 교류

Daily Question

- 어떤 일이 나의 컨디션을 좌지우지 하는가요?

- 어떤 일들이 나의 달리기에 영향을 끼치나요?

After Running

거리	소요 시간	평균 페이스	총 누적거리
km	: :	/km	km

- **목표 달성 여부**

☐ O ☐ X

- **운동 장소** ex 석촌호수 or 트랙 or 헬스장

운동 강도	운동 후 컨디션 체크
☐ 초특급힘듦 ☐ 힘듦 ☐ 적당함 ☐ 쉬웠음 ☐ 너무 쉬웠음	☐ 좋음 ☐ 보통 ☐ 나쁨

- **운동 후 수행 한 것**

스트레칭	☐ O	☐ X
웜업	☐ O	☐ X
쿨다운	☐ O	☐ X
보강운동	☐ O	☐ X

- **운동 후 통증이 느껴지 곳**

ex
아픈곳 그림에 체크,
어떤 통증인지
구체적으로 쓰기

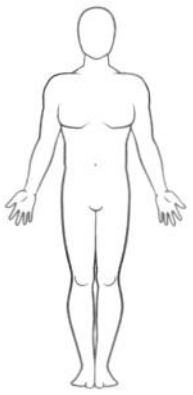

- **오늘의 한 줄**

ex 오늘의 목표 중 어떤 부분이 만족스러운가? 목표 달성을 하지 못했다면 어떤 이유 때문인가?

Daily Question

- 달리기가 나를 어떻게 변화시키고 있는 것 같나요?

- 나는 달리기가 어떤 점이 좋은가요?

DAY 21

기초체력 강화 기간

Before Running

- **오늘의 목표** ex **비기너** 5km 빠르게 달리기 / **에이스** 12km 보통 달리기

- **오늘의 원칙** ex **비기너** 멈추지 않고 달리기 / **에이스** 마지막 1km 빠르게 달리기

오늘의 중점 연습	운동 전 컨디션 체크
□ 거리 □ 강도 □ 보강운동 □ 회복	□ 좋음 □ 보통 □ 나쁨

- **어제보다 좀 더 나은 달리기를 위해 한 것들**
  ex 보강운동, 웨이트, 필라테스, 요가, 식단

- **달릴 때 신경 쓰이는 것들** (신체적인 면)

- **목표 달성을 멀어지게 하는 것들** (생활적인 면 / 정신적인 면)
  ex 가족관계, 회사일, 친구들과의 교류

Daily Question 메인운동

- 언덕과 내리막이 번갈아 있는 달리기 장소를 알고 있나요? 있다면 어디인가요?(없다면 찾아보세요)

- 평지와 언덕 달릴 때 달리기 자세 차이에 대해 적어보세요.

After Running

거리	소요 시간	평균 페이스	총 누적거리
km	: :	/km	km

- **목표 달성 여부**

☐ O ☐ X

- **운동 장소** ex 석촌호수 or 트랙 or 헬스장

운동 강도	운동 후 컨디션 체크
☐ 초특급힘듦 ☐ 힘듦 ☐ 적당함 ☐ 쉬웠음 ☐ 너무 쉬웠음	☐ 좋음 ☐ 보통 ☐ 나쁨

- **운동 후 수행 한 것**

스트레칭	☐ O	☐ X
웜업	☐ O	☐ X
쿨다운	☐ O	☐ X
보강운동	☐ O	☐ X

- **운동 후 통증이 느껴지 곳**

ex
아픈곳 그림에 체크,
어떤 통증인지
구체적으로 쓰기

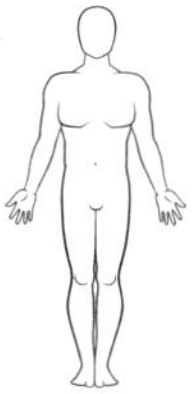

- **오늘의 한 줄**

ex 오늘의 목표 중 어떤 부분이 만족스러운가? 목표 달성을 하지 못했다면 어떤 이유 때문인가?

Daily Question

- 달리면서 신경 쓰이는 것이 있었나요?

- 오늘의 달리기에 제목을 붙여보세요.

ex 먹기위해 달린 날, 유난히 더운 달리기, 발등이 아팠던 달리기, 허벅지가 불타올랐던 달리기 등 그 날의 달리기 주제 정하기

Before Running »

- **오늘의 목표** ex 공통 2km 천천히 달리기+스트레칭 20분 이상 하기

- **오늘의 원칙** ex 공통 탄수화물과 단백질이 포함된 양질의 식사하기

오늘의 중점 연습				운동 전 컨디션 체크		
□ 거리	□ 강도	□ 보강운동	□ 회복	□ 좋음	□ 보통	□ 나쁨

- **어제보다 좀 더 나은 달리기를 위해 한 것들**
  ex 보강운동, 웨이트, 필라테스, 요가, 식단

- **달릴 때 신경 쓰이는 것들** (신체적인 면)

- **목표 달성을 멀어지게 하는 것들** (생활적인 면 / 정신적인 면)
  ex 가족관계, 회사일, 친구들과의 교류

Weekly Question 회복

- 오늘 기분은 어떤가요?

- 특별히 통증이 느껴지거나, 불안한 신체부분이 있나요?

After Running

거리	소요 시간	평균 페이스	총 누적거리
km	: :	/km	km

목표 달성 여부

□ O □ X

운동 장소 ex 석촌호수 or 트랙 or 헬스장

운동 강도	운동 후 컨디션 체크
□ 초특급힘듦 □ 힘듦 □ 적당함 □ 쉬웠음 □ 너무 쉬웠음	□ 좋음 □ 보통 □ 나쁨

운동 후 수행 한 것

스트레칭	□ O	□ X
웜업	□ O	□ X
쿨다운	□ O	□ X
보강운동	□ O	□ X

운동 후 통증이 느껴지 곳

ex
아픈곳 그림에 체크,
어떤 통증인지
구체적으로 쓰기

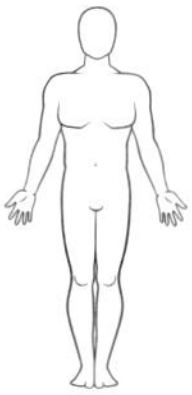

오늘의 한 줄

ex 오늘의 목표 중 어떤 부분이 만족스러운가? 목표 달성을 하지 못했다면 어떤 이유 때문인가?

Weekly Question

· 달리는 자세 중 신경 쓰이는 부분은 무엇인가요?

· 다른 사람의 달리는 자세를 본 적 있나요? 나의 자세와 무엇이 달랐나요?

Before Running

- **오늘의 목표** ex **비기너** 언덕이 있는 길 3km 달리기 / **에이스** 언덕이 있는 길 5km 달리기

- **오늘의 원칙** ex **공통** 언덕 오를 때 걷지 않기

오늘의 중점 연습				운동 전 컨디션 체크		
□ 거리	□ 강도	□ 보강운동	□ 회복	□ 좋음	□ 보통	□ 나쁨

- **어제보다 좀 더 나은 달리기를 위해 한 것들**
  ex 보강운동, 웨이트, 필라테스, 요가, 식단

- **달릴 때 신경 쓰이는 것들** (신체적인 면)

- **목표 달성을 멀어지게 하는 것들** (생활적인 면 / 정신적인 면)
  ex 가족관계, 회사일, 친구들과의 교류

Daily Question

- 달리기를 하면 떠오르는 감정은 무엇인가요?

□ 두려움 □ 기대감 □ 긍정 □ 부정
□ 귀찮음 □ 흥분 □ 열정 □ 의지
□ 건강 □ 욕심 □ 좌절 □ 우울
□ 기타( )

- 요즘 나의 일상에서 가장 크게 차지하는 감정은 무엇인가요?

After Running

거리	소요 시간	평균 페이스	총 누적거리
km	: :	/km	km

- **목표 달성 여부**

☐ O ☐ X

- **운동 장소** ex 석촌호수 or 트랙 or 헬스장

운동 강도	운동 후 컨디션 체크
☐ 초특급힘듦 ☐ 힘듦 ☐ 적당함 ☐ 쉬웠음 ☐ 너무 쉬웠음	☐ 좋음 ☐ 보통 ☐ 나쁨

- **운동 후 수행 한 것**

스트레칭	☐ O	☐ X
웜업	☐ O	☐ X
쿨다운	☐ O	☐ X
보강운동	☐ O	☐ X

- **운동 후 통증이 느껴지 곳**

ex
아픈곳 그림에 체크,
어떤 통증인지
구체적으로 쓰기

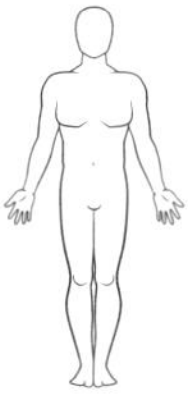

- **오늘의 한 줄**

ex 오늘의 목표 중 어떤 부분이 만족스러운가? 목표 달성을 하지 못했다면 어떤 이유 때문인가?

Daily Question

- 오늘 달리기 때 가장 많이 한 생각은 무엇인가요?

- 오늘 달리고 난 후 가장 먼저 한 행동은 무엇이었나요?

Before Running

- **오늘의 목표** ex **비기너** 4km 천천히 달리기 / **에이스** 4km 천천히 달리기

- **오늘의 원칙** ex **공통** 걷지 않기, 2km 지점마다 팔과 어깨 돌려주기

오늘의 중점 연습	운동 전 컨디션 체크
□ 거리 □ 강도 □ 보강운동 □ 회복	□ 좋음 □ 보통 □ 나쁨

- **어제보다 좀 더 나은 달리기를 위해 한 것들**
  ex 보강운동, 웨이트, 필라테스, 요가, 식단

- **달릴 때 신경 쓰이는 것들** (신체적인 면)

- **목표 달성을 멀어지게 하는 것들** (생활적인 면 / 정신적인 면)
  ex 가족관계, 회사일, 친구들과의 교류

Daily Question

- 운동시간을 방해하는 것들이 있나요? 운동을 망설이게 하는 것들을 적어보세요.

- 달리기에 집중하지 못하게 하는 생각들이 있으면 상세하게 적어보세요.

After Running

거리	소요 시간	평균 페이스	총 누적거리
km	: :	/km	km

- **목표 달성 여부**

☐ O ☐ X

- **운동 장소** ex 석촌호수 or 트랙 or 헬스장

운동 강도	운동 후 컨디션 체크
☐ 초특급힘듦 ☐ 힘듦 ☐ 적당함 ☐ 쉬웠음 ☐ 너무 쉬웠음	☐ 좋음 ☐ 보통 ☐ 나쁨

- **운동 후 수행 한 것**

스트레칭	☐ O	☐ X
웜업	☐ O	☐ X
쿨다운	☐ O	☐ X
보강운동	☐ O	☐ X

- **운동 후 통증이 느껴지 곳**

ex
아픈곳 그림에 체크,
어떤 통증인지
구체적으로 쓰기

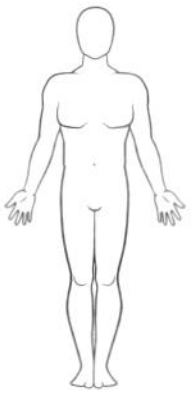

- **오늘의 한 줄**

ex 오늘의 목표 중 어떤 부분이 만족스러운가? 목표 달성을 하지 못했다면 어떤 이유 때문인가?

Daily Question

- 오늘은 달리면서 무슨 생각을 했나요?

- 달리면서 뿌듯했던 순간 혹은 후회했던 순간이 있나요? 마지막 100m를 전력질주 했다.

Before Running

- **오늘의 목표** ex 비기너 30분 보통 달리기 / 에이스 50분 보통 달리기

- **오늘의 원칙** ex 공통 마지막 5분 빠르게 달리기

오늘의 중점 연습				운동 전 컨디션 체크		
□ 거리	□ 강도	□ 보강운동	□ 회복	□ 좋음	□ 보통	□ 나쁨

- **어제보다 좀 더 나은 달리기를 위해 한 것들**
  ex 보강운동, 웨이트, 필라테스, 요가, 식단

- **달릴 때 신경 쓰이는 것들** (신체적인 면)

- **목표 달성을 멀어지게 하는 것들** (생활적인 면 / 정신적인 면)
  ex 가족관계, 회사일, 친구들과의 교류

Daily Question

- 오늘 날씨는 어떤가요? 기후, 온도, 습도를 고려하여 구체적으로 적어보세요.

- 오늘 달리기 복장은 날씨에 적합한가요? 준비한 복장을 적어보세요.

차가운 새벽 공기도, 해가 뜨는 모습도, 러닝 후 내린 비까지도 좋았던 날. 이상미

After Running

거리	소요 시간	평균 페이스	총 누적거리
km	:　:	/km	km

- **목표 달성 여부**

☐ O　☐ X

- **운동 장소** ex 석촌호수 or 트랙 or 헬스장

운동 강도	운동 후 컨디션 체크
☐ 초특급힘듦　☐ 힘듦　☐ 적당함　☐ 쉬웠음　☐ 너무 쉬웠음	☐ 좋음　☐ 보통　☐ 나쁨

- **운동 후 수행 한 것**

스트레칭	☐ O	☐ X
웜업	☐ O	☐ X
쿨다운	☐ O	☐ X
보강운동	☐ O	☐ X

- **운동 후 통증이 느껴지 곳**

ex
아픈곳 그림에 체크,
어떤 통증인지
구체적으로 쓰기

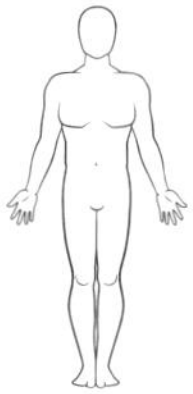

- **오늘의 한 줄**

ex 오늘의 목표 중 어떤 부분이 만족스러운가? 목표 달성을 하지 못했다면 어떤 이유 때문인가?

Daily Question

- 달릴 때 날씨가 어떻게 느껴졌나요?

ex 달리기 좋은 날씨, 습도가 높아 힘든 날씨 등

- 달릴 때 복장은 편안했나요? 다음 달리기 복장에 고려해야 할 점이 있나요?

Before Running

- **오늘의 목표** ex **비기너** 4km 보통 달리기 / **에이스** 6km 보통 달리기

- **오늘의 원칙** ex **공통** 2km 지점마다 팔과 어깨 돌려주기

오늘의 중점 연습	운동 전 컨디션 체크
□ 거리 □ 강도 □ 보강운동 □ 회복	□ 좋음 □ 보통 □ 나쁨

- **어제보다 좀 더 나은 달리기를 위해 한 것들**
  ex 보강운동, 웨이트, 필라테스, 요가, 식단

- **달릴 때 신경 쓰이는 것들** (신체적인 면)

- **목표 달성을 멀어지게 하는 것들** (생활적인 면 / 정신적인 면)
  ex 가족관계, 회사일, 친구들과의 교류

Daily Question

- 오늘 하루 일과는 어땠나요?

- 달리기 전 나의 감정 상태는 어떠한가요?

After Running

거리	소요 시간	평균 페이스	총 누적거리
km	: :	/km	km

- **목표 달성 여부**

☐ O ☐ X

- **운동 장소** ex 석촌호수 or 트랙 or 헬스장

운동 강도	운동 후 컨디션 체크
☐ 초특급힘듦 ☐ 힘듦 ☐ 적당함 ☐ 쉬웠음 ☐ 너무 쉬웠음	☐ 좋음 ☐ 보통 ☐ 나쁨

- **운동 후 수행 한 것**

스트레칭	☐ O	☐ X
웜업	☐ O	☐ X
쿨다운	☐ O	☐ X
보강운동	☐ O	☐ X

- **운동 후 통증이 느껴지 곳**

ex
아픈곳 그림에 체크,
어떤 통증인지
구체적으로 쓰기

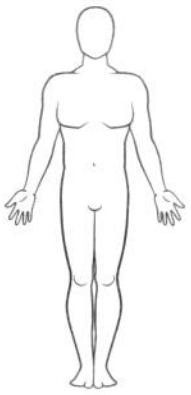

- **오늘의 한 줄**

ex 오늘의 목표 중 어떤 부분이 만족스러운가? 목표 달성을 하지 못했다면 어떤 이유 때문인가?

Daily Question

- 오늘 달리면서 가장 힘들었던 때는 언제였나요?

- 힘들었지만 오늘의 목표를 달성한 자신에게 한마디 해주세요.

Before Running

- **오늘의 목표** ex 공통 15분 천천히 달리기 + 10분 휴식 + (100m 질주하기 x 2회)

- **오늘의 원칙** ex 비기너 걷는 시간은 2분을 넘기지 않기 / 에이스 속도 일정하게 유지하기

오늘의 중점 연습				운동 전 컨디션 체크		
□ 거리	□ 강도	□ 보강운동	□ 회복	□ 좋음	□ 보통	□ 나쁨

- **어제보다 좀 더 나은 달리기를 위해 한 것들**
  ex 보강운동, 웨이트, 필라테스, 요가, 식단

- **달릴 때 신경 쓰이는 것들** (신체적인 면)

- **목표 달성을 멀어지게 하는 것들** (생활적인 면 / 정신적인 면)
  ex 가족관계, 회사일, 친구들과의 교류

Daily Question

- 오늘 신을 운동화는 무엇인가요? 밑창과 쿠션의 상태는 어떠한가요?

- 오늘 달릴 장소의 장점은 무엇인가요?

  □ 신호등이 없다 □ 장애물이 없다

  □ 접근성이 좋다 □ 기타(   )

After Running

거리	소요 시간	평균 페이스	총 누적거리
km	: :	/km	km

- **목표 달성 여부**

☐ O ☐ X

- **운동 장소** ex 석촌호수 or 트랙 or 헬스장

운동 강도					운동 후 컨디션 체크		
☐ 초특급힘듦	☐ 힘듦	☐ 적당함	☐ 쉬웠음	☐ 너무 쉬웠음	☐ 좋음	☐ 보통	☐ 나쁨

- **운동 후 수행 한 것**

스트레칭	☐ O	☐ X
웜업	☐ O	☐ X
쿨다운	☐ O	☐ X
보강운동	☐ O	☐ X

- **운동 후 통증이 느껴지 곳**

ex
아픈곳 그림에 체크,
어떤 통증인지
구체적으로 쓰기

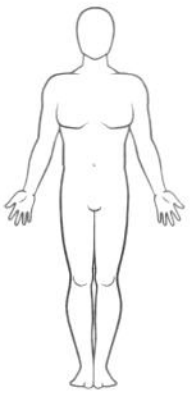

- **오늘의 한 줄**

ex 오늘의 목표 중 어떤 부분이 만족스러운가? 목표 달성을 하지 못했다면 어떤 이유 때문인가?

Daily Question

- 오늘 달릴 때 가장 좋았던 순간은 언제였나요?

- 오늘 달릴 때 가장 힘들었던 순간은 언제였나요?

Before Running

- **오늘의 목표** ex **비기너** 5km 빠르게 달리기 / **에이스** 12km 보통 달리기

- **오늘의 원칙** ex **공통** 후반으로 갈수록 빨라지도록 달리기

오늘의 중점 연습	운동 전 컨디션 체크
□ 거리 □ 강도 □ 보강운동 □ 회복	□ 좋음 □ 보통 □ 나쁨

- **어제보다 좀 더 나은 달리기를 위해 한 것들**
  ex 보강운동, 웨이트, 필라테스, 요가, 식단

- **달릴 때 신경 쓰이는 것들** (신체적인 면)

- **목표 달성을 멀어지게 하는 것들** (생활적인 면 / 정신적인 면)
  ex 가족관계, 회사일, 친구들과의 교류

Daily Question 메인운동

- 오늘의 목표를 설정할 때 어떤 것을 가장 고려했나요?

□ 생활패턴 □ 컨디션
□ 운동계획 □ 감정
□ 기타( )

- 오늘의 원칙을 설정할 때 어떤 것을 가장 고려했나요?

□ 목표달성 □ 인내
□ 안전 □ 생활
□ 기타( )

After Running

거리	소요 시간	평균 페이스	총 누적거리
km	: :	/km	km

- **목표 달성 여부**

□ O □ X

- **운동 장소** ex 석촌호수 or 트랙 or 헬스장

운동 강도	운동 후 컨디션 체크
□ 초특급힘듦 □ 힘듦 □ 적당함 □ 쉬웠음 □ 너무 쉬웠음	□ 좋음 □ 보통 □ 나쁨

- **운동 후 수행 한 것**

스트레칭	□ O	□ X
웜업	□ O	□ X
쿨다운	□ O	□ X
보강운동	□ O	□ X

- **운동 후 통증이 느껴지 곳**

ex
아픈곳 그림에 체크,
어떤 통증인지
구체적으로 쓰기

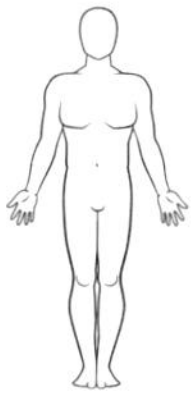

- **오늘의 한 줄**

ex 오늘의 목표 중 어떤 부분이 만족스러운가? 목표 달성을 하지 못했다면 어떤 이유 때문인가?

Daily Question

- 오늘 달리기 중 가장 속도가 좋았던 때는 언제, 어떤 상황이었나요?

- 오늘 달리고 난 후 가장 먼저 한 행동은 무엇이었나요?

Before Running

- **오늘의 목표** ex 공통 2km 천천히 달리기+스트레칭 20분 이상 하기

- **오늘의 원칙** ex 공통 탄수화물과 단백질이 포함된 양질의 식사하기

오늘의 중점 연습	운동 전 컨디션 체크
□ 거리 □ 강도 □ 보강운동 □ 회복	□ 좋음 □ 보통 □ 나쁨

- **어제보다 좀 더 나은 달리기를 위해 한 것들**
  ex 보강운동, 웨이트, 필라테스, 요가, 식단

- **달릴 때 신경 쓰이는 것들** (신체적인 면)

- **목표 달성을 멀어지게 하는 것들** (생활적인 면 / 정신적인 면)
  ex 가족관계, 회사일, 친구들과의 교류

Daily Question 회복

- 내가 자주 달리는 장소의 특징 및 장점은 무엇인가요?

- 언덕과 내리막이 번갈아 있는 달리기 장소를 알고 있나요? 있다면 어디인가요? (없다면 찾아보세요)

After Running

거리	소요 시간	평균 페이스	총 누적거리
km	: :	/km	km

- **목표 달성 여부**

☐ O ☐ X

- **운동 장소** ex 석촌호수 or 트랙 or 헬스장

운동 강도	운동 후 컨디션 체크
☐ 초특급힘듦 ☐ 힘듦 ☐ 적당함 ☐ 쉬웠음 ☐ 너무 쉬웠음	☐ 좋음 ☐ 보통 ☐ 나쁨

- **운동 후 수행 한 것**

스트레칭 ☐ O ☐ X

웜업 ☐ O ☐ X

쿨다운 ☐ O ☐ X

보강운동 ☐ O ☐ X

- **운동 후 통증이 느껴지 곳**

ex
아픈곳 그림에 체크,
어떤 통증인지
구체적으로 쓰기

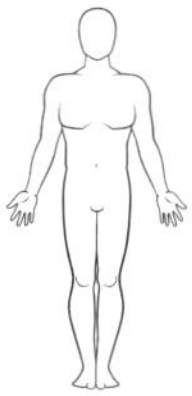

- **오늘의 한 줄**

ex 오늘의 목표 중 어떤 부분이 만족스러운가? 목표 달성을 하지 못했다면 어떤 이유 때문인가?

Daily Question

- 오늘 달린 구간 중 가장 속도가 좋았던 때는 언제인가요?

- 오늘 달린 구간 중 가장 마음에 드는 부분은 어떨 때이고 왜 좋았나요?

Before Running »

- **오늘의 목표** ex **비기너** 흙길 또는 우레탄길 3km 달리기 / **에이스** 흙길 또는 우레탄길 5km 달리기

- **오늘의 원칙** ex **공통** 절반 지점에서 팔과 어깨 돌려주기

오늘의 중점 연습				운동 전 컨디션 체크		
□ 거리	□ 강도	□ 보강운동	□ 회복	□ 좋음	□ 보통	□ 나쁨

- **어제보다 좀 더 나은 달리기를 위해 한 것들**
  ex 보강운동, 웨이트, 필라테스, 요가, 식단

- **달릴 때 신경 쓰이는 것들** (신체적인 면)

- **목표 달성을 멀어지게 하는 것들** (생활적인 면 / 정신적인 면)
  ex 가족관계, 회사일, 친구들과의 교류

Daily Question

- 달리기 능력 향상을 위한 노력들 중 어떤 것이 가장 효과적이었나요?

- 그 방법으로 달리기 능력이 어느정도 향상되었나요? 구체적 상황표현으로 적어주세요.

After Running

거리	소요 시간	평균 페이스	총 누적거리
km	: :	/km	km

- **목표 달성 여부**

☐ O ☐ X

- **운동 장소** ex 석촌호수 or 트랙 or 헬스장

운동 강도	운동 후 컨디션 체크
☐ 초특급힘듦 ☐ 힘듦 ☐ 적당함 ☐ 쉬웠음 ☐ 너무 쉬웠음	☐ 좋음 ☐ 보통 ☐ 나쁨

- **운동 후 수행 한 것**

스트레칭	☐ O	☐ X
웜업	☐ O	☐ X
쿨다운	☐ O	☐ X
보강운동	☐ O	☐ X

- **운동 후 통증이 느껴지 곳**

ex
아픈곳 그림에 체크,
어떤 통증인지
구체적으로 쓰기

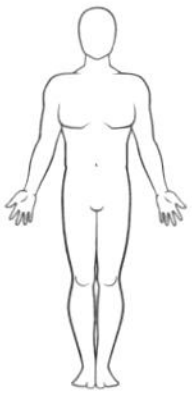

- **오늘의 한 줄**

ex 오늘의 목표 중 어떤 부분이 만족스러운가? 목표 달성을 하지 못했다면 어떤 이유 때문인가?

Daily Question

- 달리고 난 후 수분을 충분히 보충했나요? 얼마만큼의 물을 마셨나요?

- 달리고 난 후 가장 먼저 하는 행동은 무엇인가요?

Before Running

- **오늘의 목표** ex **비기너** 4km 보통 달리기 / **에이스** 8km 보통 달리기

- **오늘의 원칙** ex **공통** 후반부 1km 빠르게 달리기

오늘의 중점 연습				운동 전 컨디션 체크		
□ 거리	□ 강도	□ 보강운동	□ 회복	□ 좋음	□ 보통	□ 나쁨

- **어제보다 좀 더 나은 달리기를 위해 한 것들**
  ex 보강운동, 웨이트, 필라테스, 요가, 식단

- **달릴 때 신경 쓰이는 것들** (신체적인 면)

- **목표 달성을 멀어지게 하는 것들** (생활적인 면 / 정신적인 면)
  ex 가족관계, 회사일, 친구들과의 교류

Daily Question

- 달리기를 망설이게 하는 것들은 무엇이 있나요?

- 달리기를 방해하는 일상의 유혹은 어떻게 참아내나요?

After Running

거리	소요 시간	평균 페이스	총 누적거리
km	: :	/km	km

- **목표 달성 여부**

□ O □ X

- **운동 장소** ex 석촌호수 or 트랙 or 헬스장

운동 강도	운동 후 컨디션 체크
□ 초특급힘듦 □ 힘듦 □ 적당함 □ 쉬웠음 □ 너무 쉬웠음	□ 좋음 □ 보통 □ 나쁨

- **운동 후 수행 한 것**

스트레칭	□ O	□ X
웜업	□ O	□ X
쿨다운	□ O	□ X
보강운동	□ O	□ X

- **운동 후 통증이 느껴지 곳**

ex
아픈곳 그림에 체크,
어떤 통증인지
구체적으로 쓰기

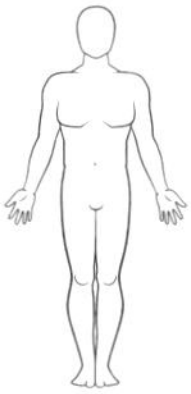

- **오늘의 한 줄**

ex 오늘의 목표 중 어떤 부분이 만족스러운가? 목표 달성을 하지 못했다면 어떤 이유 때문인가?

Daily Question

- 주로 달리는 시간은 언제인가요?

- 그 시간에 달릴 때 주변 풍경은 어떤가요?

Before Running

- **오늘의 목표** ex **비기너** 3km 천천히 달리기 | 10분 후 1km 빠르게 달리기 / **에이스** 5km 천천히 달리기 | 10분 후 1km 빠르게 달리기

- **오늘의 원칙** ex **공통** 천천히 달릴 때 안정된 호흡 유지하기

오늘의 중점 연습	운동 전 컨디션 체크
□ 거리 □ 강도 □ 보강운동 □ 회복	□ 좋음 □ 보통 □ 나쁨

- **어제보다 좀 더 나은 달리기를 위해 한 것들**
  ex 보강운동, 웨이트, 필라테스, 요가, 식단

- **달릴 때 신경 쓰이는 것들** (신체적인 면)

- **목표 달성을 멀어지게 하는 것들** (생활적인 면 / 정신적인 면)
  ex 가족관계, 회사일, 친구들과의 교류

Monthly Question

- 나의 중간 목표는 무엇이었나요? 달라진 점이 있나요? 있다면 왜 달라졌나요?

- 중간목표를 달성하기 위해 선행되어야 할 것은 무엇인가요?

After Running

거리	소요 시간	평균 페이스	총 누적거리
km	: :	/km	km

- **목표 달성 여부**

☐ O ☐ X

- **운동 장소** ex 석촌호수 or 트랙 or 헬스장

운동 강도	운동 후 컨디션 체크
☐ 초특급힘듦 ☐ 힘듦 ☐ 적당함 ☐ 쉬웠음 ☐ 너무 쉬웠음	☐ 좋음 ☐ 보통 ☐ 나쁨

- **운동 후 수행 한 것**

스트레칭	☐ O	☐ X
웜업	☐ O	☐ X
쿨다운	☐ O	☐ X
보강운동	☐ O	☐ X

- **운동 후 통증이 느껴지 곳**

ex
아픈곳 그림에 체크,
어떤 통증인지
구체적으로 쓰기

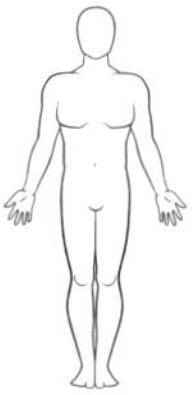

- **오늘의 한 줄**

ex 오늘의 목표 중 어떤 부분이 만족스러운가? 목표 달성을 하지 못했다면 어떤 이유 때문인가?

Monthly Question

- 지난 31일 중 즐거운 달리기는 몇 회였나요? 무엇 때문에 즐거웠나요?

- 다음 33일~50일 이내 이루고 싶은 가장 큰 계획(또는 목표)는 무엇인가요?

Before Running

- **오늘의 목표** ex **비기너** 4km 보통 달리기 / **에이스** 8km 보통 달리기

- **오늘의 원칙** ex **공통** 마지막 100m 질주하기

오늘의 중점 연습				운동 전 컨디션 체크		
□ 거리	□ 강도	□ 보강운동	□ 회복	□ 좋음	□ 보통	□ 나쁨

- **어제보다 좀 더 나은 달리기를 위해 한 것들**
  ex 보강운동, 웨이트, 필라테스, 요가, 식단

- **달릴 때 신경 쓰이는 것들** (신체적인 면)

- **목표 달성을 멀어지게 하는 것들** (생활적인 면 / 정신적인 면)
  ex 가족관계, 회사일, 친구들과의 교류

Daily Question

- 오늘 아침 컨디션은 어땠나요?

- 스트레칭 때 특별히 뻣뻣하게 느껴지는 부분이 있나요?

After Running

거리	소요 시간	평균 페이스	총 누적거리
km	: :	/km	km

- **목표 달성 여부**

☐ O ☐ X

- **운동 장소** ex 석촌호수 or 트랙 or 헬스장

운동 강도	운동 후 컨디션 체크
☐ 초특급힘듦 ☐ 힘듦 ☐ 적당함 ☐ 쉬웠음 ☐ 너무 쉬웠음	☐ 좋음 ☐ 보통 ☐ 나쁨

- **운동 후 수행 한 것**

스트레칭	☐ O	☐ X
웜업	☐ O	☐ X
쿨다운	☐ O	☐ X
보강운동	☐ O	☐ X

- **운동 후 통증이 느껴지 곳**

ex
아픈곳 그림에 체크,
어떤 통증인지
구체적으로 쓰기

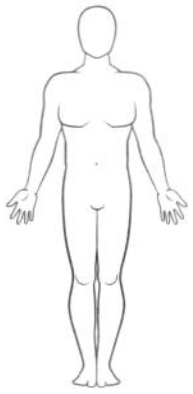

- **오늘의 한 줄**

ex 오늘의 목표 중 어떤 부분이 만족스러운가? 목표 달성을 하지 못했다면 어떤 이유 때문인가?

Daily Question

- 달리는 자세 중 가장 신경 쓰이는 부분은 어디인가요?

- 달리고 난 후 회복을 위해 어떤 것을 하였나요?

Before Running

- **오늘의 목표** ex 공통 2km 천천히 달리기+10분 휴식+(100m 질주하기x2회)

- **오늘의 원칙** ex 공통 물 2L 마시기

오늘의 중점 연습	운동 전 컨디션 체크
□ 거리 □ 강도 □ 보강운동 □ 회복	□ 좋음 □ 보통 □ 나쁨

- **어제보다 좀 더 나은 달리기를 위해 한 것들**
  ex 보강운동, 웨이트, 필라테스, 요가, 식단

- **달릴 때 신경 쓰이는 것들** (신체적인 면)

- **목표 달성을 멀어지게 하는 것들** (생활적인 면 / 정신적인 면)
  ex 가족관계, 회사일, 친구들과의 교류

Daily Question

- 지금까지의 목표는 잘 지키고 있나요?

- 잘 지키지 못하고 있다면 그 이유는 무엇인가요? 잘 지켜지고 있다면 더 추가하고 싶은 목표를 적어보세요

After Running

거리	소요 시간	평균 페이스	총 누적거리
km	: :	/km	km

• **목표 달성 여부**

□ O □ X

• **운동 장소** ex 석촌호수 or 트랙 or 헬스장

운동 강도	운동 후 컨디션 체크
□ 초특급힘듦 □ 힘듦 □ 적당함 □ 쉬웠음 □ 너무 쉬웠음	□ 좋음 □ 보통 □ 나쁨

• **운동 후 수행 한 것**

스트레칭	□ O	□ X
웜업	□ O	□ X
쿨다운	□ O	□ X
보강운동	□ O	□ X

• **운동 후 통증이 느껴지 곳**

ex
아픈곳 그림에 체크,
어떤 통증인지
구체적으로 쓰기

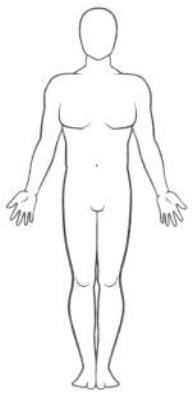

• **오늘의 한 줄**

ex 오늘의 목표 중 어떤 부분이 만족스러운가? 목표 달성을 하지 못했다면 어떤 이유 때문인가?

Daily Question

• 달리면서 힘들었던 구간이 있나요?

• 힘들었지만 오늘의 목표를 달성한 자신에게 한마디 해주세요.

Before Running

- **오늘의 목표** ex **비기너** 5km 빠르게 달리기 / **에이스** 15km 천천히 달리기

- **오늘의 원칙** ex **공통** 힘들면 속도를 줄이고, 멈추지 않기

오늘의 중점 연습	운동 전 컨디션 체크
□ 거리 □ 강도 □ 보강운동 □ 회복	□ 좋음 □ 보통 □ 나쁨

- **어제보다 좀 더 나은 달리기를 위해 한 것들**
  ex 보강운동, 웨이트, 필라테스, 요가, 식단

- **달릴 때 신경 쓰이는 것들** (신체적인 면)

- **목표 달성을 멀어지게 하는 것들** (생활적인 면 / 정신적인 면)
  ex 가족관계, 회사일, 친구들과의 교류

Daily Question 메인운동

- 달리기를 생각하면 어떤 감정이 드나요?

- 지금 나에게 있어 달리기란 무엇인가요?

After Running

거리	소요 시간	평균 페이스	총 누적거리
km	: :	/km	km

- **목표 달성 여부**

☐ O ☐ X

- **운동 장소** ex 석촌호수 or 트랙 or 헬스장

운동 강도	운동 후 컨디션 체크
☐ 초특급힘듦 ☐ 힘듦 ☐ 적당함 ☐ 쉬웠음 ☐ 너무 쉬웠음	☐ 좋음 ☐ 보통 ☐ 나쁨

- **운동 후 수행 한 것**

스트레칭	☐ O	☐ X
웜업	☐ O	☐ X
쿨다운	☐ O	☐ X
보강운동	☐ O	☐ X

- **운동 후 통증이 느껴지 곳**

ex
아픈곳 그림에 체크,
어떤 통증인지
구체적으로 쓰기

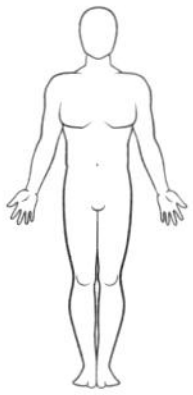

- **오늘의 한 줄**

ex 오늘의 목표 중 어떤 부분이 만족스러운가? 목표 달성을 하지 못했다면 어떤 이유 때문인가?

Daily Question

- 달리면서 주로 어떤 생각을 더 많이 했나요?(달리기에 대한 생각 VS 달리기와 상관 없는 생각)

- 오늘의 달리기에서 뿌듯했거나 후회했던 순간이 있나요?

ex 마지막 100m를 전력질주 했다.

Before Running

- **오늘의 목표** ex 공통 2km 천천히 달리기

- **오늘의 원칙** ex 공통 물 2L마시기

오늘의 중점 연습				운동 전 컨디션 체크		
□ 거리	□ 강도	□ 보강운동	□ 회복	□ 좋음	□ 보통	□ 나쁨

- **어제보다 좀 더 나은 달리기를 위해 한 것들**
  ex 보강운동, 웨이트, 필라테스, 요가, 식단

- **달릴 때 신경 쓰이는 것들** (신체적인 면)

- **목표 달성을 멀어지게 하는 것들** (생활적인 면 / 정신적인 면)
  ex 가족관계, 회사일, 친구들과의 교류

Daily Question 회복

- 회복을 위해 어떤 것을 중점을 둘 생각인가요?

  □ 영양섭취 □ 회복하는 달리기

  □ 스트레칭 □ 수면

- 당신의 회복을 방해하는 것은 무엇인가요?

After Running

거리	소요 시간	평균 페이스	총 누적거리
km	: :	/km	km

- **목표 달성 여부**

☐ O ☐ X

- **운동 장소** ex 석촌호수 or 트랙 or 헬스장

운동 강도	운동 후 컨디션 체크
☐ 초특급힘듦 ☐ 힘듦 ☐ 적당함 ☐ 쉬웠음 ☐ 너무 쉬웠음	☐ 좋음 ☐ 보통 ☐ 나쁨

- **운동 후 수행 한 것**

스트레칭	☐ O	☐ X
웜업	☐ O	☐ X
쿨다운	☐ O	☐ X
보강운동	☐ O	☐ X

- **운동 후 통증이 느껴지 곳**

ex
아픈곳 그림에 체크,
어떤 통증인지
구체적으로 쓰기

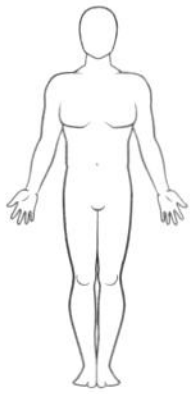

- **오늘의 한 줄**

ex 오늘의 목표 중 어떤 부분이 만족스러운가? 목표 달성을 하지 못했다면 어떤 이유 때문인가?

Daily Question

- 달리기를 하면서 힘들 때 어떤 말을 듣고 싶었나요?

- 목표로 한 달리기가 끝나고 나면 어떤 말을 듣고 싶나요? 꼭 주변 사람이 아닌 스스로에게 하는 말이어도 좋습니다.

Before Running »

- **오늘의 목표** ex **비기너** 언덕이 있는 길 3km 달리기 / **에이스** 언덕이 있는 길 5km 달리기

- **오늘의 원칙** ex **공통** 언덕 달릴 때 평지 때 보다 보폭을 줄이기

오늘의 중점 연습	운동 전 컨디션 체크
□ 거리 □ 강도 □ 보강운동 □ 회복	□ 좋음 □ 보통 □ 나쁨

- **어제보다 좀 더 나은 달리기를 위해 한 것들**
  ex 보강운동, 웨이트, 필라테스, 요가, 식단

- **달릴 때 신경 쓰이는 것들** (신체적인 면)

- **목표 달성을 멀어지게 하는 것들** (생활적인 면 / 정신적인 면)
  ex 가족관계, 회사일, 친구들과의 교류

Daily Question

- 오늘의 목표를 설정할 때 어떤 것을 가장 고려했나요?

□ 생활패턴 □ 컨디션
□ 운동계획 □ 감정
□ 기타( )

- 오늘의 원칙을 설정할 때 어떤 것을 가장 고려했나요?

□ 목표달성 □ 인내
□ 안전 □ 생활
□ 기타( )

달리러 나갈 때 설레는 순간 내가 진정한 러너가 된 것을 느꼈다. 최호진

After Running

거리	소요 시간	평균 페이스	총 누적거리
km	: :	/km	km

- **목표 달성 여부**

☐ O ☐ X

- **운동 장소** ex 석촌호수 or 트랙 or 헬스장

운동 강도	운동 후 컨디션 체크
☐ 초특급힘듦 ☐ 힘듦 ☐ 적당함 ☐ 쉬웠음 ☐ 너무 쉬웠음	☐ 좋음 ☐ 보통 ☐ 나쁨

- **운동 후 수행 한 것**

스트레칭	☐ O	☐ X
웜업	☐ O	☐ X
쿨다운	☐ O	☐ X
보강운동	☐ O	☐ X

- **운동 후 통증이 느껴지 곳**

ex
아픈곳 그림에 체크,
어떤 통증인지
구체적으로 쓰기

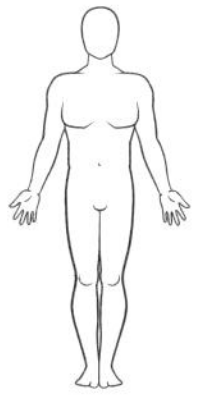

- **오늘의 한 줄**

ex 오늘의 목표 중 어떤 부분이 만족스러운가? 목표 달성을 하지 못했다면 어떤 이유 때문인가?

Daily Question

- 달리기가 힘들었을 때 어떤 것이 가장 먼저 힘들어졌나요?

☐ 호흡 ☐ 근력

☐ 갈증 ☐ 기타( )

- 힘들었던 순간에 어떤 마음으로 견뎠나요?

Before Running

- **오늘의 목표** ex **비기너** 30분 달리기 / **에이스** 60분 달리기

- **오늘의 원칙** ex **공통** 멈추지 않기, 마지막 3분 빠르게 달리기

오늘의 중점 연습	운동 전 컨디션 체크
□ 거리 □ 강도 □ 보강운동 □ 회복	□ 좋음 □ 보통 □ 나쁨

- **어제보다 좀 더 나은 달리기를 위해 한 것들**
  ex 보강운동, 웨이트, 필라테스, 요가, 식단

- **달릴 때 신경 쓰이는 것들** (신체적인 면)

- **목표 달성을 멀어지게 하는 것들** (생활적인 면 / 정신적인 면)
  ex 가족관계, 회사일, 친구들과의 교류

Daily Question

- 오늘 최선을 다해 달린다면, 어느 정도의 거리를 얼마나 달릴 수 있을 것 같나요?

- 스스로 역량을 얼마만큼 알고 있나요? 구체적으로 적어보세요.
  ex 초반 스피드는 빠르지만 뒤로 갈수록 힘이 빠진다.

After Running

거리	소요 시간	평균 페이스	총 누적거리
km	: :	/km	km

- **목표 달성 여부**

☐ O ☐ X

- **운동 장소** ex 석촌호수 or 트랙 or 헬스장

운동 강도	운동 후 컨디션 체크
☐ 초특급힘듦 ☐ 힘듦 ☐ 적당함 ☐ 쉬웠음 ☐ 너무 쉬웠음	☐ 좋음 ☐ 보통 ☐ 나쁨

- **운동 후 수행 한 것**

스트레칭	☐ O	☐ X
웜업	☐ O	☐ X
쿨다운	☐ O	☐ X
보강운동	☐ O	☐ X

- **운동 후 통증이 느껴지 곳**

ex
아픈곳 그림에 체크,
어떤 통증인지
구체적으로 쓰기

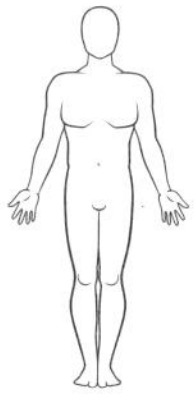

- **오늘의 한 줄**

ex 오늘의 목표 중 어떤 부분이 만족스러운가? 목표 달성을 하지 못했다면 어떤 이유 때문인가?

Daily Question

- 호흡이 거칠어지는 순간은 언제였나요?

- 그때 스피드는 몇이었나요?

Before Running

- **오늘의 목표** ex **비기너** 4km 빠르게 달리기 / **에이스** 5km 빠르게 달리기

- **오늘의 원칙** ex **공통** 속도 일정하게 유지하기

오늘의 중점 연습				운동 전 컨디션 체크		
□ 거리	□ 강도	□ 보강운동	□ 회복	□ 좋음	□ 보통	□ 나쁨

- **어제보다 좀 더 나은 달리기를 위해 한 것들**
  ex 보강운동, 웨이트, 필라테스, 요가, 식단

- **달릴 때 신경 쓰이는 것들** (신체적인 면)

- **목표 달성을 멀어지게 하는 것들** (생활적인 면 / 정신적인 면)
  ex 가족관계, 회사일, 친구들과의 교류

Daily Question

- 그동안 충분한 휴식을 취한 적이 있나요?

- 목표를 달성했을 때 스스로에게 어떤 보상을 주고 싶나요?

After Running

거리	소요 시간	평균 페이스	총 누적거리
km	: :	/km	km

- **목표 달성 여부**

☐ O ☐ X

- **운동 장소** ex 석촌호수 or 트랙 or 헬스장

운동 강도	운동 후 컨디션 체크
☐ 초특급힘듦 ☐ 힘듦 ☐ 적당함 ☐ 쉬웠음 ☐ 너무 쉬웠음	☐ 좋음 ☐ 보통 ☐ 나쁨

- **운동 후 수행 한 것**

스트레칭	☐ O	☐ X
웜업	☐ O	☐ X
쿨다운	☐ O	☐ X
보강운동	☐ O	☐ X

- **운동 후 통증이 느껴지 곳**

ex
아픈곳 그림에 체크,
어떤 통증인지
구체적으로 쓰기

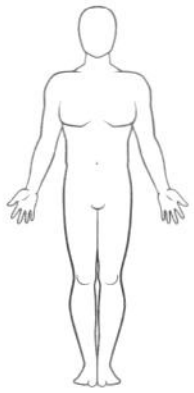

- **오늘의 한 줄**

ex 오늘의 목표 중 어떤 부분이 만족스러운가? 목표 달성을 하지 못했다면 어떤 이유 때문인가?

Daily Question

- 목표를 달성한 기쁨을 누구에게 알리고 싶나요?

- 오늘, 나 자신을 칭찬해 주고 싶은 것은 무엇인가요?

Before Running

- **오늘의 목표** ex **비기너** 4km 보통 달리기 / **에이스** 10km 보통 달리기

- **오늘의 원칙** ex **공통** 후반부 1km 빠르게 달리기, 마지막 100m 질주하기

오늘의 중점 연습				운동 전 컨디션 체크		
□ 거리	□ 강도	□ 보강운동	□ 회복	□ 좋음	□ 보통	□ 나쁨

- **어제보다 좀 더 나은 달리기를 위해 한 것들**
  ex 보강운동, 웨이트, 필라테스, 요가, 식단

- **달릴 때 신경 쓰이는 것들** (신체적인 면)

- **목표 달성을 멀어지게 하는 것들** (생활적인 면 / 정신적인 면)
  ex 가족관계, 회사일, 친구들과의 교류

Weekly Question

- 어떤 일이 나의 컨디션을 좌지우지 하는가요?

- 어떤 일들이 나의 달리기에 영향을 끼치나요?

After Running

거리	소요 시간	평균 페이스	총 누적거리
km	: :	/km	km

• **목표 달성 여부**

☐ O ☐ X

• **운동 장소** ex 석촌호수 or 트랙 or 헬스장

운동 강도	운동 후 컨디션 체크
☐ 초특급힘듦 ☐ 힘듦 ☐ 적당함 ☐ 쉬웠음 ☐ 너무 쉬웠음	☐ 좋음 ☐ 보통 ☐ 나쁨

• **운동 후 수행 한 것**

스트레칭 ☐ O ☐ X
웜업 ☐ O ☐ X
쿨다운 ☐ O ☐ X
보강운동 ☐ O ☐ X

• **운동 후 통증이 느껴지 곳**

ex
아픈곳 그림에 체크,
어떤 통증인지
구체적으로 쓰기

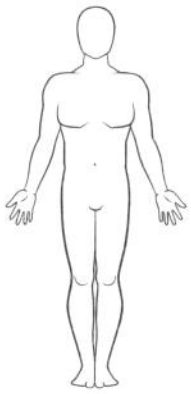

• **오늘의 한 줄**
ex 오늘의 목표 중 어떤 부분이 만족스러운가? 목표 달성을 하지 못했다면 어떤 이유 때문인가?

Weekly Question

• 달리기가 나를 어떻게 변화시키고 있는 것 같나요?

• 나는 달리기가 어떤 점이 좋은가요?

Before Running »

- **오늘의 목표** ex 공통 2km 천천히 달리기 + 10분 휴식 + (300m 빠르게 달리기 x 2회)

- **오늘의 원칙** ex 공통 빠르게 달릴 때도 호흡 일정하게 하기

오늘의 중점 연습				운동 전 컨디션 체크		
□ 거리	□ 강도	□ 보강운동	□ 회복	□ 좋음	□ 보통	□ 나쁨

- **어제보다 좀 더 나은 달리기를 위해 한 것들**
  ex 보강운동, 웨이트, 필라테스, 요가, 식단

- **달릴 때 신경 쓰이는 것들** (신체적인 면)

- **목표 달성을 멀어지게 하는 것들** (생활적인 면 / 정신적인 면)
  ex 가족관계, 회사일, 친구들과의 교류

Daily Question

- 오늘 컨디션을 좌지우지한 것은 무엇이었나요?

- 목표 달성을 위해 미루게 된 일상이 있나요? 또는, 미루고 싶은 일상이 있나요?

After Running

거리	소요 시간	평균 페이스	총 누적거리
km	: :	/km	km

- **목표 달성 여부**

☐ O ☐ X

- **운동 장소** ex 석촌호수 or 트랙 or 헬스장

운동 강도					운동 후 컨디션 체크		
☐ 초특급힘듦	☐ 힘듦	☐ 적당함	☐ 쉬웠음	☐ 너무 쉬웠음	☐ 좋음	☐ 보통	☐ 나쁨

- **운동 후 수행 한 것**

스트레칭	☐ O	☐ X
웜업	☐ O	☐ X
쿨다운	☐ O	☐ X
보강운동	☐ O	☐ X

- **운동 후 통증이 느껴지 곳**

ex
아픈곳 그림에 체크,
어떤 통증인지
구체적으로 쓰기

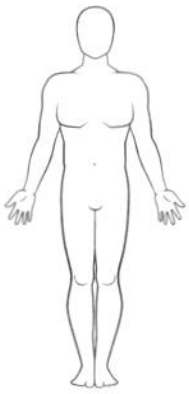

- **오늘의 한 줄**

ex 오늘의 목표 중 어떤 부분이 만족스러운가? 목표 달성을 하지 못했다면 어떤 이유 때문인가?

Daily Question

- 가장 약하다고 생각하는 신체 부위는 어디 인가요?

- 신체를 좌, 우로 나누었을 때 불균형 하다고 생각하는 부위는 어디 인가요?

Before Running

- **오늘의 목표** ex **비기너** 5km 보통 달리기 / **에이스** 15km 천천히 달리기

- **오늘의 원칙** ex **공통** 마지막 100m 질주하기

오늘의 중점 연습	운동 전 컨디션 체크
□ 거리 □ 강도 □ 보강운동 □ 회복	□ 좋음 □ 보통 □ 나쁨

- **어제보다 좀 더 나은 달리기를 위해 한 것들**
  ex 보강운동, 웨이트, 필라테스, 요가, 식단

- **달릴 때 신경 쓰이는 것들** (신체적인 면)

- **목표 달성을 멀어지게 하는 것들** (생활적인 면 / 정신적인 면)
  ex 가족관계, 회사일, 친구들과의 교류

Daily Question 메인운동

- 운동시간을 방해하는 것들이 있나요? 운동을 망설이게 하는 것들을 적어보세요.

- 달리기에 집중하지 못하게 하는 생각들이 있으면 상세하게 적어보세요.

After Running

거리	소요 시간	평균 페이스	총 누적거리
km	: :	/km	km

- **목표 달성 여부**

☐ O ☐ X

- **운동 장소** ex 석촌호수 or 트랙 or 헬스장

운동 강도	운동 후 컨디션 체크
☐ 초특급힘듦 ☐ 힘듦 ☐ 적당함 ☐ 쉬웠음 ☐ 너무 쉬웠음	☐ 좋음 ☐ 보통 ☐ 나쁨

- **운동 후 수행 한 것**

스트레칭	☐ O	☐ X
웜업	☐ O	☐ X
쿨다운	☐ O	☐ X
보강운동	☐ O	☐ X

- **운동 후 통증이 느껴지 곳**

ex
아픈곳 그림에 체크,
어떤 통증인지
구체적으로 쓰기

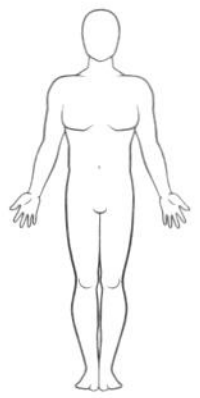

- **오늘의 한 줄**

ex 오늘의 목표 중 어떤 부분이 만족스러운가? 목표 달성을 하지 못했다면 어떤 이유 때문인가?

Daily Question

- 오늘은 달리면서 무슨 생각을 했나요?

- 달리면서 뿌듯했던 순간 혹은 후회했던 순간이 있나요?

ex 마지막 100m를 전력질주 했다.

Before Running

- **오늘의 목표** ex **공통** 근육 마사지와 스트레칭 30분 이상 하기

- **오늘의 원칙** ex **공통** 반동을 주지 않고 지긋이 누르듯 스트레칭 하기

오늘의 중점 연습	운동 전 컨디션 체크
□ 거리 □ 강도 □ 보강운동 □ 회복	□ 좋음 □ 보통 □ 나쁨

- **어제보다 좀 더 나은 달리기를 위해 한 것들**
  ex 보강운동, 웨이트, 필라테스, 요가, 식단

- **달릴 때 신경 쓰이는 것들** (신체적인 면)

- **목표 달성을 멀어지게 하는 것들** (생활적인 면 / 정신적인 면)
  ex 가족관계, 회사일, 친구들과의 교류

Daily Question 회복

- 회복을 위해 어떤 것을 중점을 둘 생각인가요?

  □ 영양섭취 □ 회복하는 달리기

  □ 스트레칭 □ 수면

- 당신의 회복을 방해하는 것은 무엇인가요?

After Running

거리	소요 시간	평균 페이스	총 누적거리
km	: :	/km	km

- **목표 달성 여부**

☐ O ☐ X

- **운동 장소** ex 석촌호수 or 트랙 or 헬스장

운동 강도	운동 후 컨디션 체크
☐ 초특급힘듦 ☐ 힘듦 ☐ 적당함 ☐ 쉬웠음 ☐ 너무 쉬웠음	☐ 좋음 ☐ 보통 ☐ 나쁨

- **운동 후 수행 한 것**

스트레칭	☐ O	☐ X
웜업	☐ O	☐ X
쿨다운	☐ O	☐ X
보강운동	☐ O	☐ X

- **운동 후 통증이 느껴지 곳**

ex
아픈곳 그림에 체크,
어떤 통증인지
구체적으로 쓰기

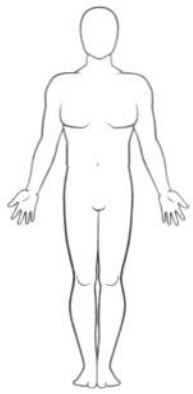

- **오늘의 한 줄**

ex 오늘의 목표 중 어떤 부분이 만족스러운가? 목표 달성을 하지 못했다면 어떤 이유 때문인가?

Daily Question

- 달리기를 하면서 힘들 때 어떤 말을 듣고 싶었나요?

- 목표로 한 달리기가 끝나고 나면 어떤 말을 듣고 싶나요? 꼭 주변 사람이 아닌 스스로에게 하는 말이어도 좋습니다.

Before Running

- **오늘의 목표** ex **비기너** 4km 빠르게 달리기 / **에이스** 5km 빠르게 달리기

- **오늘의 원칙** ex **공통** 멈추지 않기

오늘의 중점 연습	운동 전 컨디션 체크
□거리 □강도 □보강운동 □회복	□좋음 □보통 □나쁨

- **어제보다 좀 더 나은 달리기를 위해 한 것들**
  ex 보강운동, 웨이트, 필라테스, 요가, 식단

- **달릴 때 신경 쓰이는 것들** (신체적인 면)

- **목표 달성을 멀어지게 하는 것들** (생활적인 면 / 정신적인 면)
  ex 가족관계, 회사일, 친구들과의 교류

Daily Question

- 오늘 하루 일과는 어땠나요? 힘들었거나 혹은 뿌듯했나요?

- 달리기를 통해 바뀌었으면 하는 자신의 모습이 있나요?

After Running

거리	소요 시간	평균 페이스	총 누적거리
km	: :	/km	km

- **목표 달성 여부**

☐ O ☐ X

- **운동 장소** ex 석촌호수 or 트랙 or 헬스장

운동 강도	운동 후 컨디션 체크
☐ 초특급힘듦 ☐ 힘듦 ☐ 적당함 ☐ 쉬웠음 ☐ 너무 쉬웠음	☐ 좋음 ☐ 보통 ☐ 나쁨

- **운동 후 수행 한 것**

스트레칭	☐ O	☐ X
웜업	☐ O	☐ X
쿨다운	☐ O	☐ X
보강운동	☐ O	☐ X

- **운동 후 통증이 느껴지 곳**

ex
아픈곳 그림에 체크,
어떤 통증인지
구체적으로 쓰기

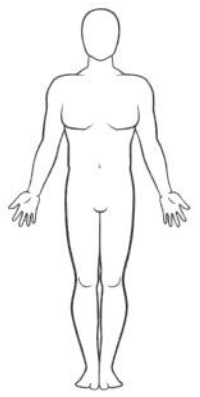

- **오늘의 한 줄**

ex 오늘의 목표 중 어떤 부분이 만족스러운가? 목표 달성을 하지 못했다면 어떤 이유 때문인가?

Daily Question

- 달리기 후의 나의 감정은 어떠한가요?

- 오늘의 원칙만이 아닌 자신이 세운 '나만의 달리기 원칙'도 잘 지켰나요? 기억이 나지 않는다면 1일차에 썼던 내용을 살펴보세요.

ex 느릴지언정 걷지 않는다. 걸을지언정 멈추지 않는다. 오늘 목표치는 꼭 한다 등

Before Running

- **오늘의 목표** ex **비기너** 4km 보통 달리기 / **에이스** 10km 보통 달리기

- **오늘의 원칙** ex **공통** 속도 일정하게 유지하기, 호흡 일정하게 유지하기

오늘의 중점 연습	운동 전 컨디션 체크
□ 거리 □ 강도 □ 보강운동 □ 회복	□ 좋음 □ 보통 □ 나쁨

- **어제보다 좀 더 나은 달리기를 위해 한 것들**
  ex 보강운동, 웨이트, 필라테스, 요가, 식단

- **달릴 때 신경 쓰이는 것들** (신체적인 면)

- **목표 달성을 멀어지게 하는 것들** (생활적인 면 / 정신적인 면)
  ex 가족관계, 회사일, 친구들과의 교류

Daily Question

- 1일차와 비교했을 때 신체가 변화된 곳이 있나요? 있다면 어떻게 변했나요?

- 앞으로 변화하고 싶은 신체부위가 있나요? 있다면 어떻게 변하고 싶나요?

비록 예상했던 시간보다 늦게 달렸다고 해도, 만약 끝까지 달렸다면 어떤 마라톤에서든 성공한 것이다.
할 히그돈

After Running

거리	소요 시간	평균 페이스	총 누적거리
km	: :	/km	km

- **목표 달성 여부**

☐ O ☐ X

- **운동 장소** ex 석촌호수 or 트랙 or 헬스장

운동 강도	운동 후 컨디션 체크
☐ 초특급힘듦 ☐ 힘듦 ☐ 적당함 ☐ 쉬웠음 ☐ 너무 쉬웠음	☐ 좋음 ☐ 보통 ☐ 나쁨

- **운동 후 수행 한 것**

스트레칭	☐ O	☐ X
웜업	☐ O	☐ X
쿨다운	☐ O	☐ X
보강운동	☐ O	☐ X

- **운동 후 통증이 느껴지 곳**

ex
아픈곳 그림에 체크,
어떤 통증인지
구체적으로 쓰기

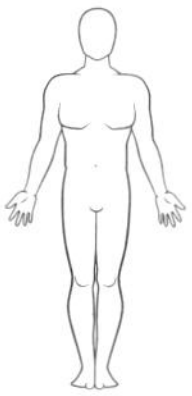

- **오늘의 한 줄**

ex 오늘의 목표 중 어떤 부분이 만족스러운가? 목표 달성을 하지 못했다면 어떤 이유 때문인가?

Daily Question

- 오늘 달린 구간 중 가장 좋았던 때는 언제였고, 왜 좋았나요?

- 오늘 달린 구간 중 가장 마음에 들지 않았던 때는 언제였나요?

Before Running

- **오늘의 목표** ex **비기너** 4km 보통 달리기/ **에이스** 5km 보통 달리기

- **오늘의 원칙** ex **공통** 속도 일정하게 유지하기

오늘의 중점 연습	운동 전 컨디션 체크
□ 거리 □ 강도 □ 보강운동 □ 회복	□ 좋음 □ 보통 □ 나쁨

- **어제보다 좀 더 나은 달리기를 위해 한 것들**
  ex 보강운동, 웨이트, 필라테스, 요가, 식단

- **달릴 때 신경 쓰이는 것들** (신체적인 면)

- **목표 달성을 멀어지게 하는 것들** (생활적인 면 / 정신적인 면)
  ex 가족관계, 회사일, 친구들과의 교류

Daily Question

- 오늘 신을 운동화는 무엇인가요? 그 운동화의 장점은 무엇인가요?
  ex 아식스 노바블라스트 / 가볍고 쿠션이 좋아 무릎에 충격이 덜함

- 오늘 달리기 복장은 날씨에 적합한가요? 준비한 복장을 적어보세요.

After Running

거리	소요 시간	평균 페이스	총 누적거리
km	: :	/km	km

- **목표 달성 여부**

☐ O ☐ X

- **운동 장소** ex 석촌호수 or 트랙 or 헬스장

운동 강도	운동 후 컨디션 체크
☐ 초특급힘듦 ☐ 힘듦 ☐ 적당함 ☐ 쉬웠음 ☐ 너무 쉬웠음	☐ 좋음 ☐ 보통 ☐ 나쁨

- **운동 후 수행 한 것**

스트레칭	☐ O	☐ X
웜업	☐ O	☐ X
쿨다운	☐ O	☐ X
보강운동	☐ O	☐ X

- **운동 후 통증이 느껴지 곳**

ex
아픈곳 그림에 체크,
어떤 통증인지
구체적으로 쓰기

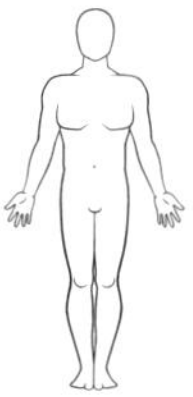

- **오늘의 한 줄**

ex 오늘의 목표 중 어떤 부분이 만족스러운가? 목표 달성을 하지 못했다면 어떤 이유 때문인가?

Daily Question

- 복장은 날씨에 적합했나요? 부족했다면 어떤 것이 필요할 것 같나요?

- 달리면서 신경 쓰인 것은 무엇이었나요?

Before Running

- **오늘의 목표** ex **비기너** 30분 달리기 / **에이스** 60분 달리기

- **오늘의 원칙** ex **공통** 속도 일정하게 유지하기

오늘의 중점 연습	운동 전 컨디션 체크
□ 거리 □ 강도 □ 보강운동 □ 회복	□ 좋음 □ 보통 □ 나쁨

- **어제보다 좀 더 나은 달리기를 위해 한 것들**
  ex 보강운동, 웨이트, 필라테스, 요가, 식단

- **달릴 때 신경 쓰이는 것들** (신체적인 면)

- **목표 달성을 멀어지게 하는 것들** (생활적인 면 / 정신적인 면)
  ex 가족관계, 회사일, 친구들과의 교류

Daily Question

- 체력이 부족해서 포기했던 상황이 있었나요?

- 체력을 증진시키기 위해 거리, 속도 상관없이 쉬지 않고 달리는 시간을 채워보세요.

□ 30분 □ 40분

□ 50분 □ 60분 이상

After Running

거리	소요 시간	평균 페이스	총 누적거리
km	: :	/km	km

- **목표 달성 여부**

☐ O ☐ X

- **운동 장소** ex 석촌호수 or 트랙 or 헬스장

운동 강도	운동 후 컨디션 체크
☐ 초특급힘듦 ☐ 힘듦 ☐ 적당함 ☐ 쉬웠음 ☐ 너무 쉬웠음	☐ 좋음 ☐ 보통 ☐ 나쁨

- **운동 후 수행 한 것**

스트레칭	☐ O	☐ X
웜업	☐ O	☐ X
쿨다운	☐ O	☐ X
보강운동	☐ O	☐ X

- **운동 후 통증이 느껴지 곳**

ex
아픈곳 그림에 체크,
어떤 통증인지
구체적으로 쓰기

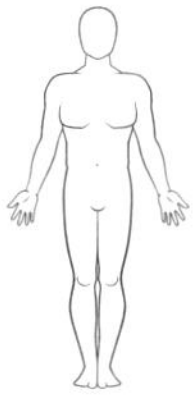

- **오늘의 한 줄**

ex 오늘의 목표 중 어떤 부분이 만족스러운가? 목표 달성을 하지 못했다면 어떤 이유 때문인가!?

Daily Question

- 멈추고 싶은 순간에 어떤 마음으로 견뎠나요?

- 멈추고 싶었던 이유가 무엇이었나요?

ex 지쳐서, 다리가 아파서, 지루해서 등

Before Running

- **오늘의 목표** ex **공통** 15분 천천히 달리기 + 10분 휴식 + (100m 빠르게 달리기 x 2회)

- **오늘의 원칙** ex **공통** 빠르게 달릴 때 팔을 너무 과도하게 흔들지 않기

오늘의 중점 연습	운동 전 컨디션 체크
□ 거리 □ 강도 □ 보강운동 □ 회복	□ 좋음 □ 보통 □ 나쁨

- **어제보다 좀 더 나은 달리기를 위해 한 것들**
  ex 보강운동, 웨이트, 필라테스, 요가, 식단

- **달릴 때 신경 쓰이는 것들** (신체적인 면)

- **목표 달성을 멀어지게 하는 것들** (생활적인 면 / 정신적인 면)
  ex 가족관계, 회사일, 친구들과의 교류

Weekly Question

- 오늘 컨디션을 좌지우지한 것은 무엇이었나요?

- 목표 달성을 위해 미루게 된 일상이 있나요? 또는, 미루고 싶은 일상이 있나요?

After Running

거리	소요 시간	평균 페이스	총 누적거리
km	: :	/km	km

- **목표 달성 여부**

□ O □ X

- **운동 장소** ex 석촌호수 or 트랙 or 헬스장

운동 강도	운동 후 컨디션 체크
□ 초특급힘듦 □ 힘듦 □ 적당함 □ 쉬웠음 □ 너무 쉬웠음	□ 좋음 □ 보통 □ 나쁨

- **운동 후 수행 한 것**

스트레칭	□ O	□ X
웜업	□ O	□ X
쿨다운	□ O	□ X
보강운동	□ O	□ X

- **운동 후 통증이 느껴지 곳**

ex
아픈곳 그림에 체크,
어떤 통증인지
구체적으로 쓰기

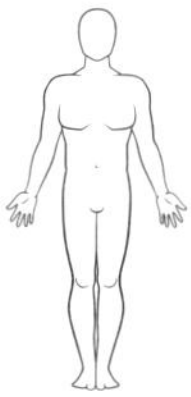

- **오늘의 한 줄**

ex 오늘의 목표 중 어떤 부분이 만족스러운가? 목표 달성을 하지 못했다면 어떤 이유 때문인가?

Weekly Question

- 가장 약하다고 생각하는 신체 부위는 어디 인가요?

- 신체를 좌, 우로 나누었을 때 불균형 하다고 생각하는 부위는 어디 인가요?

Before Running

- **오늘의 목표** ex **비기너** 6km 빠르게 달리기 / **에이스** 15km 보통 달리기

- **오늘의 원칙** ex **공통** 15분 마다 어깨와 팔 흔들어서 풀면서 가기 / **에이스** 30분에 한 번씩 물 마시기

오늘의 중점 연습				운동 전 컨디션 체크		
□ 거리	□ 강도	□ 보강운동	□ 회복	□ 좋음	□ 보통	□ 나쁨

- **어제보다 좀 더 나은 달리기를 위해 한 것들**
  ex 보강운동, 웨이트, 필라테스, 요가, 식단

- **달릴 때 신경 쓰이는 것들** (신체적인 면)

- **목표 달성을 멀어지게 하는 것들** (생활적인 면 / 정신적인 면)
  ex 가족관계, 회사일, 친구들과의 교류

Daily Question 메인운동

- 오늘은 어떤 워밍업을 할 예정인가요?.
  ex 10분간 천천히 달리기, 동적 스트레칭

- 스스로 유연하지 못하다 생각하는 부위가 있나요? 있다면 어디인가요?

After Running

거리	소요 시간	평균 페이스	총 누적거리
km	: :	/km	km

- **목표 달성 여부**

□ O □ X

- **운동 장소** ex 석촌호수 or 트랙 or 헬스장

운동 강도	운동 후 컨디션 체크
□ 초특급힘듦 □ 힘듦 □ 적당함 □ 쉬웠음 □ 너무 쉬웠음	□ 좋음 □ 보통 □ 나쁨

- **운동 후 수행 한 것**

스트레칭	□ O	□ X
웜업	□ O	□ X
쿨다운	□ O	□ X
보강운동	□ O	□ X

- **운동 후 통증이 느껴지 곳**

ex
아픈곳 그림에 체크,
어떤 통증인지
구체적으로 쓰기

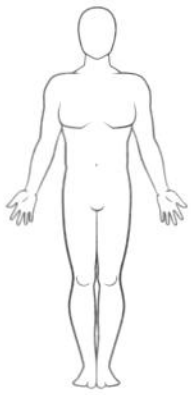

- **오늘의 한 줄**

ex 오늘의 목표 중 어떤 부분이 만족스러운가? 목표 달성을 하지 못했다면 어떤 이유 때문인가?

Daily Question

- 달린 후에 수분 섭취는 충분히 하였나요?

- 달리면서 주로 어떤 생각을 했나요?

Before Running

- **오늘의 목표** ex 공통 근육 마사지와 스트레칭 30분 이상 하기

- **오늘의 원칙** ex 공통 반동을 주지 않고 지긋이 누르듯 스트레칭 하기

오늘의 중점 연습				운동 전 컨디션 체크		
□ 거리	□ 강도	□ 보강운동	□ 회복	□ 좋음	□ 보통	□ 나쁨

- **어제보다 좀 더 나은 달리기를 위해 한 것들**
  ex 보강운동, 웨이트, 필라테스, 요가, 식단

- **달릴 때 신경 쓰이는 것들** (신체적인 면)

- **목표 달성을 멀어지게 하는 것들** (생활적인 면 / 정신적인 면)
  ex 가족관계, 회사일, 친구들과의 교류

Daily Question 휴식

- 회복을 위해 어떤 것을 중점을 둘 생각인가요?

  □ 영양섭취 □ 회복하는 달리기

  □ 스트레칭 □ 수면

- 당신의 회복을 방해하는 것은 무엇인가요?

달리다보면 무엇이든 해낼 수 있을 것 같다는 자신감이 든다. 임민영

After Running

거리	소요 시간	평균 페이스	총 누적거리
km	: :	/km	km

- **목표 달성 여부**

☐ O ☐ X

- **운동 장소** ex 석촌호수 or 트랙 or 헬스장

운동 강도	운동 후 컨디션 체크
☐ 초특급힘듦 ☐ 힘듦 ☐ 적당함 ☐ 쉬웠음 ☐ 너무 쉬웠음	☐ 좋음 ☐ 보통 ☐ 나쁨

- **운동 후 수행 한 것**

스트레칭	☐ O	☐ X
웜업	☐ O	☐ X
쿨다운	☐ O	☐ X
보강운동	☐ O	☐ X

- **운동 후 통증이 느껴지 곳**

ex
아픈곳 그림에 체크,
어떤 통증인지
구체적으로 쓰기

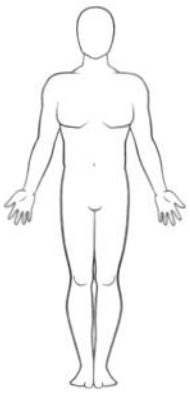

- **오늘의 한 줄**

ex 오늘의 목표 중 어떤 부분이 만족스러운가? 목표 달성을 하지 못했다면 어떤 이유 때문인가?

Daily Question

- 달리기를 하면서 힘들 때 어떤 말을 듣고 싶었나요?

- 목표로 한 달리기가 끝나고 나면 어떤 말을 듣고 싶나요? 꼭 주변 사람이 아닌 스스로에게 하는 말이어도 좋습니다.

중간 목표 달성 점검

달리기를 시작한 지 50일이 되었다.
그동안 자신이 세운 목표에 따라
잘 진행해왔는지, 그동안의 달리기로
일어난 변화는 무엇이었는지를
점검해본다.

Running Note

- 내가 설정한 중간 목표를 적어보고(34페이지 참고), 달성했는지 점검해본다. 달성하지 못하였으면 어떤 이유였는지도 살펴본다.

- 신체적인 면에서 문제가 된 것이 있는지 적어보고, 있다면 아래 솔루션에 따라 다음 목표를 설정할 수 있도록 한다.

호흡	호흡이 문제가 되었다면, 천천히 오래 달려 심폐지구력을 증진시키도록 한다.(78~79페이지 참고)
다리 근력	다리가 무겁게 느껴진다면, 다리 근력을 증진시킬 수 있는 웨이트, 보강 운동 또는 파워를 키울 수 있는 훈련법을 추가하도록 한다.(75~76페이지 참고)
상체 통증 (목이나 어깨)	상체 통증은 달리면서 자신의 그림자나 쇼윈도에 비치는 옆 모습을 통해 자세를 점검하고 올바른 달리기 자세와 비교해보도록 한다.(75~76페이지 참고)

- '달리기 전의 나'와 '달리고 있는 나'의 모습은 어떻게 다른지 비교해본다.

ex 퇴근 후 나는 맥주를 마시곤 했지만, 이제는 하루에 3km라도 뛰게 되었다.

달리기를 하기 전 나의 모습

달리기를 시작한 후 나의 모습

Before Running

- **오늘의 목표** ex **비기너** 4km 달리기(2분 빠르게+1분 보통속도 반복)+근력운동 /
  에이스 6km 달리기(2분 빠르게+1분 보통속도 반복)+근력운동

- **오늘의 원칙** ex **공통** 허리 구부정하게 하지 않기

오늘의 중점 연습				운동 전 컨디션 체크		
□ 거리	□ 강도	□ 보강운동	□ 회복	□ 좋음	□ 보통	□ 나쁨

- **어제보다 좀 더 나은 달리기를 위해 한 것들**
  ex 보강운동, 웨이트, 필라테스, 요가, 식단

- **달릴 때 신경 쓰이는 것들**(신체적인 면)

- **목표 달성을 멀어지게 하는 것들**(생활적인 면 / 정신적인 면)
  ex 가족관계, 회사일, 친구들과의 교류

Monthly Question

- 이제 50일이 지났습니다. 다음 중간목표는 무엇인가요?

- 다음 중간 목표를 수행하기 위해 선행되어야 할 것은 무엇인가요?

After Running

거리	소요 시간	평균 페이스	총 누적거리
km	: :	:	km

- **목표 달성 여부**

☐ O ☐ X

- **운동 장소** ex 석촌호수 or 트랙 or 헬스장

운동 강도	운동 후 컨디션 체크
☐ 초특급힘듦 ☐ 힘듦 ☐ 적당함 ☐ 쉬웠음 ☐ 너무 쉬웠음	☐ 좋음 ☐ 보통 ☐ 나쁨

- **운동 후 수행 한 것**

스트레칭	☐ O	☐ X
웜업	☐ O	☐ X
쿨다운	☐ O	☐ X
보강운동	☐ O	☐ X

- **운동 후 통증이 느껴지 곳**

ex
아픈곳 그림에 체크,
어떤 통증인지
구체적으로 쓰기

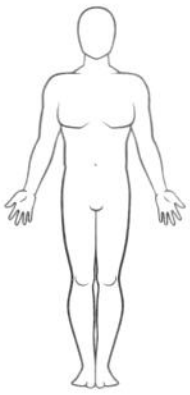

- **오늘의 한 줄**

ex 오늘의 목표 중 어떤 부분이 만족스러운가? 목표 달성을 하지 못했다면 어떤 이유 때문인가?

Monthly Question

- 1일차 달리기 때와 51일차 달릴 때의 나의 몸상태는 어떻게 달라졌나요?

- 1일차와 51일차 달리기를 하면서 나의 마음 가짐은 어떻게 달라졌나요?

Before Running

- **오늘의 목표** ex **비기너** 30분 달리기 / **에이스** 60분 달리기

- **오늘의 원칙** ex **공통** 10분 단위로 속도 높이기

오늘의 중점 연습				운동 전 컨디션 체크		
□ 거리	□ 강도	□ 보강운동	□ 회복	□ 좋음	□ 보통	□ 나쁨

- **어제보다 좀 더 나은 달리기를 위해 한 것들**
  ex 보강운동, 웨이트, 필라테스, 요가, 식단

- **달릴 때 신경 쓰이는 것들** (신체적인 면)

- **목표 달성을 멀어지게 하는 것들** (생활적인 면 / 정신적인 면)
  ex 가족관계, 회사일, 친구들과의 교류

Monthly Question

- 오늘 하루 일과는 어땠나요?

- 달리기 전 나의 감정 상태는 어떠한가요?

After Running

거리	소요 시간	평균 페이스	총 누적거리
km	: :	:	km

- **목표 달성 여부**

☐ O ☐ X

- **운동 장소** ex 석촌호수 or 트랙 or 헬스장

운동 강도	운동 후 컨디션 체크
☐ 초특급힘듦 ☐ 힘듦 ☐ 적당함 ☐ 쉬웠음 ☐ 너무 쉬웠음	☐ 좋음 ☐ 보통 ☐ 나쁨

- **운동 후 수행 한 것**

스트레칭	☐ O	☐ X
웜업	☐ O	☐ X
쿨다운	☐ O	☐ X
보강운동	☐ O	☐ X

- **운동 후 통증이 느껴지 곳**

ex
아픈곳 그림에 체크,
어떤 통증인지
구체적으로 쓰기

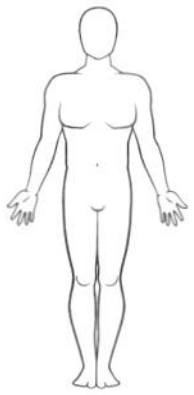

- **오늘의 한 줄**

ex 오늘의 목표 중 어떤 부분이 만족스러운가? 목표 달성을 하지 못했다면 어떤 이유 때문인가?

Monthly Question

- 오늘 달리면서 가장 힘들었던 때는 언제였나요?

- 힘들었지만 오늘의 목표를 달성한 자신에게 한 마디 해주세요.

Before Running

- **오늘의 목표** ex **비기너** 4km 보통 달리기+근력운동 / **에이스** 5km 보통 달리기+근력운동

- **오늘의 원칙** ex **공통** 마지막 200m 질주하기

오늘의 중점 연습				운동 전 컨디션 체크		
□ 거리	□ 강도	□ 보강운동	□ 회복	□ 좋음	□ 보통	□ 나쁨

- **어제보다 좀 더 나은 달리기를 위해 한 것들**
  ex 보강운동, 웨이트, 필라테스, 요가, 식단

- **달릴 때 신경 쓰이는 것들** (신체적인 면)

- **목표 달성을 멀어지게 하는 것들** (생활적인 면 / 정신적인 면)
  ex 가족관계, 회사일, 친구들과의 교류

Monthly Question

- 멈추고 싶은 순간에 견뎌본 적이 있나요?

- 그 순간들을 어떤 마음으로 견뎠나요?

After Running

거리	소요 시간	평균 페이스	총 누적거리
km	: :	:	km

● 목표 달성 여부

☐ O ☐ X

● 운동 장소 ex 석촌호수 or 트랙 or 헬스장

운동 강도	운동 후 컨디션 체크
☐ 초특급힘듦 ☐ 힘듦 ☐ 적당함 ☐ 쉬웠음 ☐ 너무 쉬웠음	☐ 좋음 ☐ 보통 ☐ 나쁨

● 운동 후 수행 한 것

스트레칭	☐ O	☐ X
웜업	☐ O	☐ X
쿨다운	☐ O	☐ X
보강운동	☐ O	☐ X

● 운동 후 통증이 느껴지 곳

ex
아픈곳 그림에 체크,
어떤 통증인지
구체적으로 쓰기

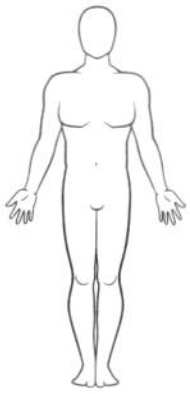

● 오늘의 한 줄

ex 오늘의 목표 중 어떤 부분이 만족스러운가? 목표 달성을 하지 못했다면 어떤 이유 때문인가?

Monthly Question

· 달릴 때 고치고 싶은 습관이 있나요?

· 그 습관을 반복하는 원인을 적어보세요.

Before Running

- **오늘의 목표** ex **비기너** 4km 보통 달리기 / **에이스** 10km 보통 달리기

- **오늘의 원칙** ex **공통** 마지막 200m 질주하기

오늘의 중점 연습	운동 전 컨디션 체크
□ 거리 □ 강도 □ 보강운동 □ 회복	□ 좋음 □ 보통 □ 나쁨

- **어제보다 좀 더 나은 달리기를 위해 한 것들**
ex 보강운동, 웨이트, 필라테스, 요가, 식단

- **달릴 때 신경 쓰이는 것들**(신체적인 면)

- **목표 달성을 멀어지게 하는 것들**(생활적인 면 / 정신적인 면)
ex 가족관계, 회사일, 친구들과의 교류

Monthly Question

- 달리면서 온 힘을 다 써 본 적이 있나요?

- 온 힘을 다했을 때 나의 컨디션(신체적인 면, 정신적인 면)은 어떤가요?

After Running

거리	소요 시간	평균 페이스	총 누적거리
km	: :	:	km

- **목표 달성 여부**

☐ O ☐ X

- **운동 장소** ex 석촌호수 or 트랙 or 헬스장

운동 강도					운동 후 컨디션 체크		
☐ 초특급힘듦	☐ 힘듦	☐ 적당함	☐ 쉬웠음	☐ 너무 쉬웠음	☐ 좋음	☐ 보통	☐ 나쁨

- **운동 후 수행 한 것**

스트레칭	☐ O	☐ X
웜업	☐ O	☐ X
쿨다운	☐ O	☐ X
보강운동	☐ O	☐ X

- **운동 후 통증이 느껴지 곳**

ex
아픈곳 그림에 체크,
어떤 통증인지
구체적으로 쓰기

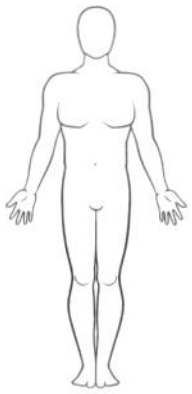

- **오늘의 한 줄**

ex 오늘의 목표 중 어떤 부분이 만족스러운가? 목표 달성을 하지 못했다면 어떤 이유 때문인가?

Monthly Question

- 달리기를 시작한 이후 삶이 긍정적으로 변화되었다고 생각하나요?

- 달리기를 하면서 마주한 나는 어떤 사람인가요?

Before Running

- **오늘의 목표** ex **비기너** 4km 달리기(2분 빠르게+1분 보통속도 반복) /
  에이스 6km 달리기(2분 빠르게+1분 보통속도 반복)

- **오늘의 원칙** ex **공통** 빠르게 달릴 때도 호흡 일정하게 유지하기

오늘의 중점 연습	운동 전 컨디션 체크
□ 거리 □ 강도 □ 보강운동 □ 회복	□ 좋음 □ 보통 □ 나쁨

- **어제보다 좀 더 나은 달리기를 위해 한 것들**
  ex 보강운동, 웨이트, 필라테스, 요가, 식단

- **달릴 때 신경 쓰이는 것들**(신체적인 면)

- **목표 달성을 멀어지게 하는 것들**(생활적인 면 / 정신적인 면)
  ex 가족관계, 회사일, 친구들과의 교류

Monthly Question

- 달리기를 시작한 이후 어떤 신체변화가 있었나요?
  ex 몸무게, 라인, 건강상태 등

- 그동안 뛰면서 가장 많이 느꼈던 감정은 무엇인가요? 왜 그런 감정이 들었던 것 같나요?

After Running

거리	소요 시간	평균 페이스	총 누적거리
km	: :	:	km

- **목표 달성 여부**

☐ O ☐ X

- **운동 장소** ex 석촌호수 or 트랙 or 헬스장

운동 강도	운동 후 컨디션 체크
☐ 초특급힘듦 ☐ 힘듦 ☐ 적당함 ☐ 쉬웠음 ☐ 너무 쉬웠음	☐ 좋음 ☐ 보통 ☐ 나쁨

- **운동 후 수행 한 것**

스트레칭	☐ O	☐ X
웜업	☐ O	☐ X
쿨다운	☐ O	☐ X
보강운동	☐ O	☐ X

- **운동 후 통증이 느껴지 곳**

ex
아픈곳 그림에 체크,
어떤 통증인지
구체적으로 쓰기

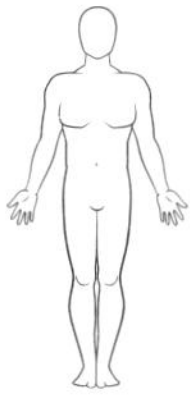

- **오늘의 한 줄**

ex 오늘의 목표 중 어떤 부분이 만족스러운가? 목표 달성을 하지 못했다면 어떤 이유 때문인가?

Monthly Question

- 달리기를 하며 분하거나 스스로에게 화가 났던 적이 있나요?

- 달리면서 승부욕을 느낀 적이 있나요? 있다면 어떤 상황이었나요?

Before Running

- **오늘의 목표** ex **비기너** 6km 빠르게 달리기 / **에이스** 18km 보통 달리기

- **오늘의 원칙** ex 공통 마지막 100m 질주하기

오늘의 중점 연습				운동 전 컨디션 체크		
□ 거리	□ 강도	□ 보강운동	□ 회복	□ 좋음	□ 보통	□ 나쁨

- **어제보다 좀 더 나은 달리기를 위해 한 것들**
  ex 보강운동, 웨이트, 필라테스, 요가, 식단

- **달릴 때 신경 쓰이는 것들** (신체적인 면)

- **목표 달성을 멀어지게 하는 것들** (생활적인 면 / 정신적인 면)
  ex 가족관계, 회사일, 친구들과의 교류

Monthly Question 메인 운동

- 목표달성을 위해 참고 있는 일상이 있나요?

- 나의 의지를 불태우는 외부적 요인은 무엇인가요?

After Running

거리	소요 시간	평균 페이스	총 누적거리
km	: :	:	km

- **목표 달성 여부**

□ O □ X

- **운동 장소** ex 석촌호수 or 트랙 or 헬스장

운동 강도	운동 후 컨디션 체크
□ 초특급힘듦 □ 힘듦 □ 적당함 □ 쉬웠음 □ 너무 쉬웠음	□ 좋음 □ 보통 □ 나쁨

- **운동 후 수행 한 것**

스트레칭	□ O	□ X
웜업	□ O	□ X
쿨다운	□ O	□ X
보강운동	□ O	□ X

- **운동 후 통증이 느껴지 곳**

ex
아픈곳 그림에 체크,
어떤 통증인지
구체적으로 쓰기

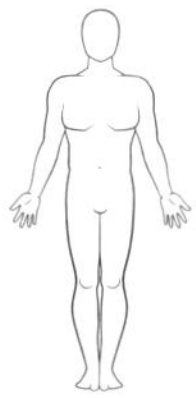

- **오늘의 한 줄**

ex 오늘의 목표 중 어떤 부분이 만족스러운가? 목표 달성을 하지 못했다면 어떤 이유 때문인가?

Monthly Question

- 달리면서 가장 집중되었던 순간은 언제였나요?

- 달리면서 집중되지 않았던 순간은 언제였고, 무엇 때문이었나요?

Before Running

- **오늘의 목표** ex **공통** 근육 마사지와 스트레칭 30분 이상 하기

- **오늘의 원칙** ex **공통** 반동을 주지 않고 지긋이 누르듯 스트레칭 하기, 단백질이 포함된 식사 하기

오늘의 중점 연습	운동 전 컨디션 체크
□ 거리 □ 강도 □ 보강운동 □ 회복	□ 좋음 □ 보통 □ 나쁨

- **어제보다 좀 더 나은 달리기를 위해 한 것들**
  ex 보강운동, 웨이트, 필라테스, 요가, 식단

- **달릴 때 신경 쓰이는 것들** (신체적인 면)

- **목표 달성을 멀어지게 하는 것들** (생활적인 면 / 정신적인 면)
  ex 가족관계, 회사일, 친구들과의 교류

Monthly Question 휴식

- 달리기 컨디션이 가장 좋았던 시간대는 언제 인가요?

  □ 새벽 □ 아침
  □ 점심 □ 저녁
  □ 밤

- 오늘의 스트레스 지수는 어떤가요?

After Running

거리	소요 시간	평균 페이스	총 누적거리
km	: :	:	km

- **목표 달성 여부**

□ O □ X

- **운동 장소** ex 석촌호수 or 트랙 or 헬스장

운동 강도	운동 후 컨디션 체크
□ 초특급힘듦 □ 힘듦 □ 적당함 □ 쉬웠음 □ 너무 쉬웠음	□ 좋음 □ 보통 □ 나쁨

- **운동 후 수행 한 것**

스트레칭	□ O	□ X
웜업	□ O	□ X
쿨다운	□ O	□ X
보강운동	□ O	□ X

- **운동 후 통증이 느껴지 곳**

ex
아픈곳 그림에 체크,
어떤 통증인지
구체적으로 쓰기

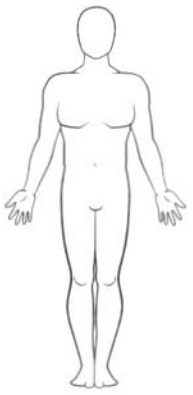

- **오늘의 한 줄**

ex 오늘의 목표 중 어떤 부분이 만족스러운가? 목표 달성을 하지 못했다면 어떤 이유 때문인가?

Monthly Question

- 신체 회복을 방해하는 요소가 있나요?

- 달리고 나서부터 변화된 생활패턴이 있나요?

ex 술 약속을 자제하게 되었다.

Before Running

- **오늘의 목표** ex **비기너** 언덕이 있는 길 4km 달리기+근력운동 / **에이스** 언덕이 있는 길 6km 달리기+근력운동

- **오늘의 원칙** ex **공통** 걷지 않기, 멈추지 않기

오늘의 중점 연습	운동 전 컨디션 체크
□ 거리 □ 강도 □ 보강운동 □ 회복	□ 좋음 □ 보통 □ 나쁨

- **어제보다 좀 더 나은 달리기를 위해 한 것들**
  ex 보강운동, 웨이트, 필라테스, 요가, 식단

- **달릴 때 신경 쓰이는 것들** (신체적인 면)

- **목표 달성을 멀어지게 하는 것들** (생활적인 면 / 정신적인 면)
  ex 가족관계, 회사일, 친구들과의 교류

Daily Question

- 달리기를 하면 떠오르는 감정은 무엇인가요?

□ 두려움 □ 기대감 □ 긍정 □ 부정
□ 귀찮음 □ 흥분 □ 열정 □ 의지
□ 건강 □ 욕심 □ 좌절 □ 우울

- 요즘 나의 일상에서 가장 크게 차지하는 감정은 무엇인가요?

After Running

거리	소요 시간	평균 페이스	총 누적거리
km	: :	:	km

- **목표 달성 여부**

☐ O ☐ X

- **운동 장소** ex 석촌호수 or 트랙 or 헬스장

운동 강도	운동 후 컨디션 체크
☐ 초특급힘듦 ☐ 힘듦 ☐ 적당함 ☐ 쉬웠음 ☐ 너무 쉬웠음	☐ 좋음 ☐ 보통 ☐ 나쁨

- **운동 후 수행 한 것**

스트레칭 ☐ O ☐ X
웜업 ☐ O ☐ X
쿨다운 ☐ O ☐ X
보강운동 ☐ O ☐ X

- **운동 후 통증이 느껴지 곳**

ex
아픈곳 그림에 체크,
어떤 통증인지
구체적으로 쓰기

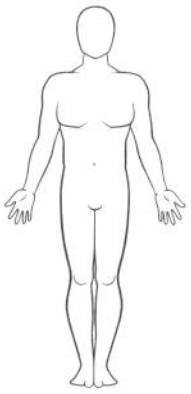

- **오늘의 한 줄**

ex 오늘의 목표 중 어떤 부분이 만족스러운가? 목표 달성을 하지 못했다면 어떤 이유 때문인가?

Daily Question

- 오늘 달리기 때 가장 많이 한 생각은 무엇인가요?

- 오늘 달리고 난 후 가장 먼저 한 행동은 무엇이었나요?

Before Running

- **오늘의 목표** ex **비기너** 4m 보통 달리기 / **에이스** 10km 보통 달리기

- **오늘의 원칙** ex **공통** 안정된 호흡 유지하기, 멈추지 않기

오늘의 중점 연습	운동 전 컨디션 체크
□ 거리 □ 강도 □ 보강운동 □ 회복	□ 좋음 □ 보통 □ 나쁨

- **어제보다 좀 더 나은 달리기를 위해 한 것들**
  ex 보강운동, 웨이트, 필라테스, 요가, 식단

- **달릴 때 신경 쓰이는 것들** (신체적인 면)

- **목표 달성을 멀어지게 하는 것들** (생활적인 면 / 정신적인 면)
  ex 가족관계, 회사일, 친구들과의 교류

Daily Question

- 운동시간을 방해하는 것들이 있나요?

- 달리기에 집중하지 못하게 하는 생각들이 있으면 상세하게 적어보세요.

After Running

거리	소요 시간	평균 페이스	총 누적거리
km	: :	:	km

- **목표 달성 여부**

☐ O ☐ X

- **운동 장소** ex 석촌호수 or 트랙 or 헬스장

운동 강도	운동 후 컨디션 체크
☐ 초특급힘듦 ☐ 힘듦 ☐ 적당함 ☐ 쉬웠음 ☐ 너무 쉬웠음	☐ 좋음 ☐ 보통 ☐ 나쁨

- **운동 후 수행 한 것**

스트레칭	☐ O	☐ X
웜업	☐ O	☐ X
쿨다운	☐ O	☐ X
보강운동	☐ O	☐ X

- **운동 후 통증이 느껴지 곳**

ex
아픈곳 그림에 체크,
어떤 통증인지
구체적으로 쓰기

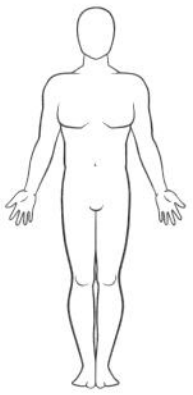

- **오늘의 한 줄**

ex 오늘의 목표 중 어떤 부분이 만족스러운가? 목표 달성을 하지 못했다면 어떤 이유 때문인가?

Daily Question

- 오늘은 달리면서 무슨 생각을 했나요?

- 달리면서 뿌듯했던 순간 혹은 후회했던 순간이 있나요? 마지막 100m를 전력질주 했다.

Before Running

- **오늘의 목표** ex **비기너** 30분 보통 달리기 + 근력운동 / **에이스** 30분 천천히 달리기

- **오늘의 원칙** ex **공통** 마지막 5분 질주하기

오늘의 중점 연습	운동 전 컨디션 체크
□ 거리 □ 강도 □ 보강운동 □ 회복	□ 좋음 □ 보통 □ 나쁨

- **어제보다 좀 더 나은 달리기를 위해 한 것들**
  ex 보강운동, 웨이트, 필라테스, 요가, 식단

- **달릴 때 신경 쓰이는 것들** (신체적인 면)

- **목표 달성을 멀어지게 하는 것들** (생활적인 면 / 정신적인 면)
  ex 가족관계, 회사일, 친구들과의 교류

Daily Question

- 내가 가장 좋아하는 달리기 장소는 어디인가요?

- 그 장소의 특징은 어떤가요?

After Running

거리	소요 시간	평균 페이스	총 누적거리
km	: :	:	km

- **목표 달성 여부**

☐ O ☐ X

- **운동 장소** ex 석촌호수 or 트랙 or 헬스장

운동 강도	운동 후 컨디션 체크
☐ 초특급힘듦 ☐ 힘듦 ☐ 적당함 ☐ 쉬웠음 ☐ 너무 쉬웠음	☐ 좋음 ☐ 보통 ☐ 나쁨

- **운동 후 수행 한 것**

스트레칭 ☐ O ☐ X

웜업 ☐ O ☐ X

쿨다운 ☐ O ☐ X

보강운동 ☐ O ☐ X

- **운동 후 통증이 느껴지 곳**

ex
아픈곳 그림에 체크,
어떤 통증인지
구체적으로 쓰기

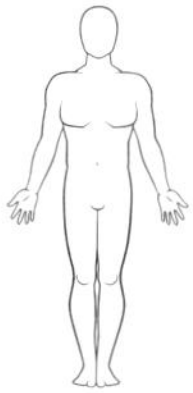

- **오늘의 한 줄**

ex 오늘의 목표 중 어떤 부분이 만족스러운가? 목표 달성을 하지 못했다면 어떤 이유 때문인가?

Daily Question

- 오늘 달린 구간 중 가장 속도가 좋았던 때는 언제인가요?

- 오늘 달린 구간 중 가장 마음에 드는 부분은 어떨 때이고 왜 그런가요?

ex 스타트 / 피니쉬 / 코너 등

Before Running

- **오늘의 목표** ex **비기너** 4km 보통 달리기 / **에이스** 10km 보통 달리기

- **오늘의 원칙** ex **공통** 15분 때 어깨와 팔 흔들어서 긴장 풀기

오늘의 중점 연습				운동 전 컨디션 체크		
□ 거리	□ 강도	□ 보강운동	□ 회복	□ 좋음	□ 보통	□ 나쁨

- **어제보다 좀 더 나은 달리기를 위해 한 것들**
ex 보강운동, 웨이트, 필라테스, 요가, 식단

- **달릴 때 신경 쓰이는 것들** (신체적인 면)

- **목표 달성을 멀어지게 하는 것들** (생활적인 면 / 정신적인 면)
ex 가족관계, 회사일, 친구들과의 교류

Daily Question

- 오늘 하루 일과는 어땠나요? 힘들었거나 혹은 뿌듯했나요?

- 달리기를 통해 바뀌었으면 하는 자신의 모습이 있나요?

After Running

거리	소요 시간	평균 페이스	총 누적거리
km	: :	:	km

- **목표 달성 여부**

☐ O ☐ X

- **운동 장소** ex 석촌호수 or 트랙 or 헬스장

운동 강도	운동 후 컨디션 체크
☐ 초특급힘듦 ☐ 힘듦 ☐ 적당함 ☐ 쉬웠음 ☐ 너무 쉬웠음	☐ 좋음 ☐ 보통 ☐ 나쁨

- **운동 후 수행 한 것**

스트레칭	☐ O	☐ X
웜업	☐ O	☐ X
쿨다운	☐ O	☐ X
보강운동	☐ O	☐ X

- **운동 후 통증이 느껴지 곳**

ex
아픈곳 그림에 체크,
어떤 통증인지
구체적으로 쓰기

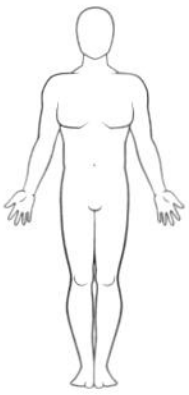

- **오늘의 한 줄**

ex 오늘의 목표 중 어떤 부분이 만족스러운가? 목표 달성을 하지 못했다면 어떤 이유 때문인가?

Daily Question

- 달리기 후의 나의 감정은 어떠한가요?

- 오늘의 원칙만이 아닌 자신이 세운 '나만의 달리기 원칙'도 잘 지켰나요? 기억이 나지 않는다면 1일차에 썼던 내용을 살펴보세요.

ex 느릴지언정 걷지 않는다. 걸을지언정 멈추지 않는다. 오늘 목표치는 꼭 한다 등

Before Running »

- **오늘의 목표** ex 공통 15분 천천히 달리기 + 10분 휴식 + (100m 질주하기 x 2회)

- **오늘의 원칙** ex 공통 빠르게 달릴 때 팔을 너무 과도하게 흔들지 않기

오늘의 중점 연습				운동 전 컨디션 체크		
□ 거리	□ 강도	□ 보강운동	□ 회복	□ 좋음	□ 보통	□ 나쁨

- **어제보다 좀 더 나은 달리기를 위해 한 것들**
  ex 보강운동, 웨이트, 필라테스, 요가, 식단

- **달릴 때 신경 쓰이는 것들** (신체적인 면)

- **목표 달성을 멀어지게 하는 것들** (생활적인 면 / 정신적인 면)
  ex 가족관계, 회사일, 친구들과의 교류

Daily Question

· 오늘은 몸 상태가 어떤가요?

· 오늘의 달리기에서 집중적으로 훈련하고 싶은 부분은 무엇인가요?

After Running

거리	소요 시간	평균 페이스	총 누적거리
km	: :	:	km

- **목표 달성 여부**

□ O □ X

- **운동 장소** ex 석촌호수 or 트랙 or 헬스장

운동 강도	운동 후 컨디션 체크
□ 초특급힘듦 □ 힘듦 □ 적당함 □ 쉬웠음 □ 너무 쉬웠음	□ 좋음 □ 보통 □ 나쁨

- **운동 후 수행 한 것**

스트레칭	□ O	□ X
웜업	□ O	□ X
쿨다운	□ O	□ X
보강운동	□ O	□ X

- **운동 후 통증이 느껴지 곳**

ex
아픈곳 그림에 체크,
어떤 통증인지
구체적으로 쓰기

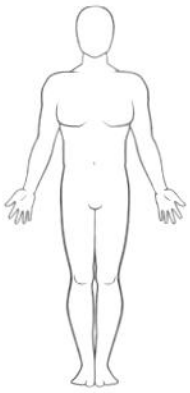

- **오늘의 한 줄**

ex 오늘의 목표 중 어떤 부분이 만족스러운가? 목표 달성을 하지 못했다면 어떤 이유 때문인가?

Daily Question

- 오늘 훈련에서 잘된 부분은 어떤 건가요?

- 잘 되지 않았다면 어떤 것 때문인가요?

Before Running

- **오늘의 목표** ex **비기너** 8km 빠르게 달리기 / **에이스** 18km 보통 달리기

- **오늘의 원칙** ex **공통** 최소 30분에 한 번씩 물 마시기

오늘의 중점 연습				운동 전 컨디션 체크		
□ 거리	□ 강도	□ 보강운동	□ 회복	□ 좋음	□ 보통	□ 나쁨

- **어제보다 좀 더 나은 달리기를 위해 한 것들**
  ex 보강운동, 웨이트, 필라테스, 요가, 식단

- **달릴 때 신경 쓰이는 것들** (신체적인 면)

- **목표 달성을 멀어지게 하는 것들** (생활적인 면 / 정신적인 면)
  ex 가족관계, 회사일, 친구들과의 교류

Daily Question 메인운동

- 멈추고 싶은 순간에 견뎌본 적이 있나요?

- 그 순간들을 어떤 마음으로 견뎠나요?

After Running

거리	소요 시간	평균 페이스	총 누적거리
km	: :	:	km

- **목표 달성 여부**

☐ O ☐ X

- **운동 장소** ex 석촌호수 or 트랙 or 헬스장

운동 강도	운동 후 컨디션 체크
☐ 초특급힘듦 ☐ 힘듦 ☐ 적당함 ☐ 쉬웠음 ☐ 너무 쉬웠음	☐ 좋음 ☐ 보통 ☐ 나쁨

- **운동 후 수행 한 것**

스트레칭	☐ O	☐ X
웜업	☐ O	☐ X
쿨다운	☐ O	☐ X
보강운동	☐ O	☐ X

- **운동 후 통증이 느껴지 곳**

ex
아픈곳 그림에 체크,
어떤 통증인지
구체적으로 쓰기

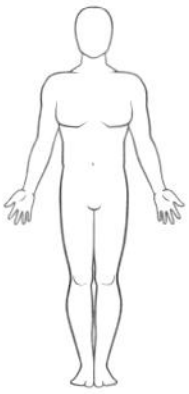

- **오늘의 한 줄**
ex 오늘의 목표 중 어떤 부분이 만족스러운가? 목표 달성을 하지 못했다면 어떤 이유 때문인가?

Daily Question

- 달릴 때 고치고 싶은 습관이 있나요?

- 그 습관을 반복하는 원인을 적어보세요.

Before Running

- **오늘의 목표** ex 공통 회복을 위한 스트레칭 20분 이상 하기

- **오늘의 원칙** ex 공통 탄수화물과 단백질이 포함된 양질의 식사하기

오늘의 중점 연습				운동 전 컨디션 체크		
□ 거리	□ 강도	□ 보강운동	□ 회복	□ 좋음	□ 보통	□ 나쁨

- **어제보다 좀 더 나은 달리기를 위해 한 것들**
ex 보강운동, 웨이트, 필라테스, 요가, 식단

- **달릴 때 신경 쓰이는 것들** (신체적인 면)

- **목표 달성을 멀어지게 하는 것들** (생활적인 면 / 정신적인 면)
ex 가족관계, 회사일, 친구들과의 교류

Daily Question 휴식

- 어떤 일이 나의 컨디션을 좌지우지 하는가요?

- 어떤 일들이 나의 달리기에 영향을 끼치나요?

다시 회복하리라는 믿음으로 열심히 뛰어 보겠습니다. 김정은

After Running

거리	소요 시간	평균 페이스	총 누적거리
km	: :	:	km

- **목표 달성 여부**

☐ O ☐ X

- **운동 장소** ex 석촌호수 or 트랙 or 헬스장

운동 강도	운동 후 컨디션 체크
☐ 초특급힘듦 ☐ 힘듦 ☐ 적당함 ☐ 쉬웠음 ☐ 너무 쉬웠음	☐ 좋음 ☐ 보통 ☐ 나쁨

- **운동 후 수행 한 것**

스트레칭	☐ O	☐ X
웜업	☐ O	☐ X
쿨다운	☐ O	☐ X
보강운동	☐ O	☐ X

- **운동 후 통증이 느껴지 곳**

ex
아픈곳 그림에 체크,
어떤 통증인지
구체적으로 쓰기

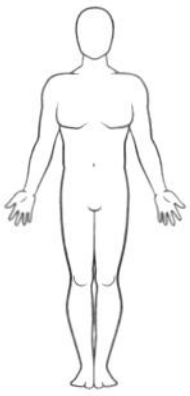

- **오늘의 한 줄**

ex 오늘의 목표 중 어떤 부분이 만족스러운가? 목표 달성을 하지 못했다면 어떤 이유 때문인가?

Daily Question

- 달리기가 나를 어떻게 변화시키고 있는 것 같나요?

- 나는 달리기가 어떤 점이 좋은가요?

Before Running

- **오늘의 목표** ex **비기너** 4km 달리기(2분 빠르게+1분 보통속도 반복) /
  에이스 6km 달리기(2분 빠르게+1분 보통속도 반복)

- **오늘의 원칙** ex **공통** 걷지 않기, 멈추지 않기

오늘의 중점 연습	운동 전 컨디션 체크
□ 거리 □ 강도 □ 보강운동 □ 회복	□ 좋음 □ 보통 □ 나쁨

- **어제보다 좀 더 나은 달리기를 위해 한 것들**
  ex 보강운동, 웨이트, 필라테스, 요가, 식단

- **달릴 때 신경 쓰이는 것들**(신체적인 면)

- **목표 달성을 멀어지게 하는 것들**(생활적인 면 / 정신적인 면)
  ex 가족관계, 회사일, 친구들과의 교류

Daily Question

- 달리기 능력 향상을 위한 노력들 중 어떤 것이 가장 효과적이었나요?

- 그 방법으로 달리기 능력이 어느정도 향상되었나요? 구체적 상황표현으로 적어주세요.

매일 뛰는 것이 습관이 되었다. 그리고 이젠 5km 뛰는 것이 습관이 되고 있다. 송다람

After Running

거리	소요 시간	평균 페이스	총 누적거리
km	: :	:	km

목표 달성 여부

☐ O ☐ X

운동 장소

ex 석촌호수 or 트랙 or 헬스장

운동 강도	운동 후 컨디션 체크
☐ 초특급힘듦 ☐ 힘듦 ☐ 적당함 ☐ 쉬웠음 ☐ 너무 쉬웠음	☐ 좋음 ☐ 보통 ☐ 나쁨

운동 후 수행 한 것

스트레칭	☐ O	☐ X
웜업	☐ O	☐ X
쿨다운	☐ O	☐ X
보강운동	☐ O	☐ X

운동 후 통증이 느껴지 곳

ex
아픈곳 그림에 체크,
어떤 통증인지
구체적으로 쓰기

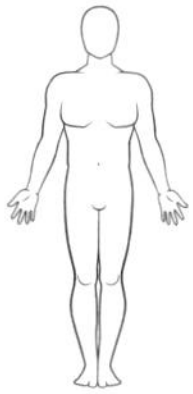

오늘의 한 줄

ex 오늘의 목표 중 어떤 부분이 만족스러운가? 목표 달성을 하지 못했다면 어떤 이유 때문인가?

Daily Question

- 달리고 난 후 수분을 충분히 보충했나요? 얼마만큼의 물을 마셨나요?

- 달리고 난 후 가장 먼저 하는 행동은 무엇인가요?

Before Running

- **오늘의 목표** ex **비기너** 30분 달리기 / **에이스** 50분 달리기

- **오늘의 원칙** ex **공통** 안정된 호흡 유지하기

오늘의 중점 연습	운동 전 컨디션 체크
□ 거리 □ 강도 □ 보강운동 □ 회복	□ 좋음 □ 보통 □ 나쁨

- **어제보다 좀 더 나은 달리기를 위해 한 것들**
  ex 보강운동, 웨이트, 필라테스, 요가, 식단

- **달릴 때 신경 쓰이는 것들** (신체적인 면)

- **목표 달성을 멀어지게 하는 것들** (생활적인 면 / 정신적인 면)
  ex 가족관계, 회사일, 친구들과의 교류

Daily Question

- 달리기를 망설이게 하는 것들은 무엇이 있나요?

- 그 유혹을 어떻게 참아내나요?

After Running

거리	소요 시간	평균 페이스	총 누적거리
km	: :	:	km

- **목표 달성 여부**

☐ O ☐ X

- **운동 장소** ex 석촌호수 or 트랙 or 헬스장

운동 강도	운동 후 컨디션 체크
☐ 초특급힘듦 ☐ 힘듦 ☐ 적당함 ☐ 쉬웠음 ☐ 너무 쉬웠음	☐ 좋음 ☐ 보통 ☐ 나쁨

- **운동 후 수행 한 것**

스트레칭	☐ O	☐ X
웜업	☐ O	☐ X
쿨다운	☐ O	☐ X
보강운동	☐ O	☐ X

- **운동 후 통증이 느껴지 곳**

ex
아픈곳 그림에 체크,
어떤 통증인지
구체적으로 쓰기

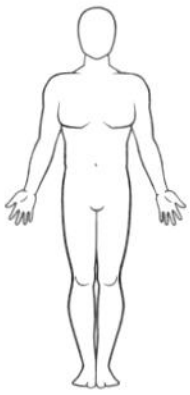

- **오늘의 한 줄**

ex 오늘의 목표 중 어떤 부분이 만족스러운가? 목표 달성을 하지 못했다면 어떤 이유 때문인가?

Daily Question

- 주로 달리는 시간은 언제인가요?

- 그 시간에 달리 때 주변 풍경은 어떤가요?

Before Running

- **오늘의 목표** ex **비기너** 4km 보통 달리기 + 근력운동 / **에이스** 6km 보통 달리기 + 근력운동

- **오늘의 원칙** ex **공통** 마지막 100m 질주하기

오늘의 중점 연습	운동 전 컨디션 체크
□ 거리 □ 강도 □ 보강운동 □ 회복	□ 좋음 □ 보통 □ 나쁨

- **어제보다 좀 더 나은 달리기를 위해 한 것들**
  ex 보강운동, 웨이트, 필라테스, 요가, 식단

- **달릴 때 신경 쓰이는 것들** (신체적인 면)

- **목표 달성을 멀어지게 하는 것들** (생활적인 면 / 정신적인 면)
  ex 가족관계, 회사일, 친구들과의 교류

Daily Question

- 오늘 아침 컨디션은 어땠나요?

- 스트레칭 때 특별히 뻣뻣하게 느껴지는 부분이 있나요?

After Running

거리	소요 시간	평균 페이스	총 누적거리
km	: :	:	km

- **목표 달성 여부**

☐ O ☐ X

- **운동 장소** ex 석촌호수 or 트랙 or 헬스장

운동 강도	운동 후 컨디션 체크
☐ 초특급힘듦 ☐ 힘듦 ☐ 적당함 ☐ 쉬웠음 ☐ 너무 쉬웠음	☐ 좋음 ☐ 보통 ☐ 나쁨

- **운동 후 수행 한 것**

스트레칭	☐ O	☐ X
웜업	☐ O	☐ X
쿨다운	☐ O	☐ X
보강운동	☐ O	☐ X

- **운동 후 통증이 느껴지 곳**

ex
아픈곳 그림에 체크,
어떤 통증인지
구체적으로 쓰기

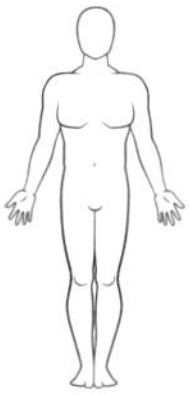

- **오늘의 한 줄**

ex 오늘의 목표 중 어떤 부분이 만족스러운가? 목표 달성을 하지 못했다면 어떤 이유 때문인가?

Daily Question

- 달리는 자세 중 가장 신경 쓰이는 부분은 어디인가요?

- 달리고 난 후 회복을 위해 어떤 것을 하였나요?

Before Running

- **오늘의 목표** ex **비기너** 6km 보통 달리기 / **에이스** 8km 보통 달리기

- **오늘의 원칙** ex **공통** 마지막 100m 질주하기

오늘의 중점 연습	운동 전 컨디션 체크
□ 거리 □ 강도 □ 보강운동 □ 회복	□ 좋음 □ 보통 □ 나쁨

- **어제보다 좀 더 나은 달리기를 위해 한 것들**
  ex 보강운동, 웨이트, 필라테스, 요가, 식단

- **달릴 때 신경 쓰이는 것들**(신체적인 면)

- **목표 달성을 멀어지게 하는 것들**(생활적인 면 / 정신적인 면)
  ex 가족관계, 회사일, 친구들과의 교류

Daily Question

- 지금까지의 목표는 잘 지키고 있나요?

- 잘 지키지 못하고 있다면 그 이유는 무엇인가요? 잘 지켜지고 있다면 더 추가하고 싶은 목표를 적어보세요.

천근만큼 무겁다가 어느 순간 저절로 나아간다. 구철곤

After Running

거리	소요 시간	평균 페이스	총 누적거리
km	: :	:	km

- **목표 달성 여부**

☐ O ☐ X

- **운동 장소** ex 석촌호수 or 트랙 or 헬스장

운동 강도	운동 후 컨디션 체크
☐ 초특급힘듦 ☐ 힘듦 ☐ 적당함 ☐ 쉬웠음 ☐ 너무 쉬웠음	☐ 좋음 ☐ 보통 ☐ 나쁨

- **운동 후 수행 한 것**

스트레칭	☐ O	☐ X
웜업	☐ O	☐ X
쿨다운	☐ O	☐ X
보강운동	☐ O	☐ X

- **운동 후 통증이 느껴지 곳**

ex
아픈곳 그림에 체크,
어떤 통증인지
구체적으로 쓰기

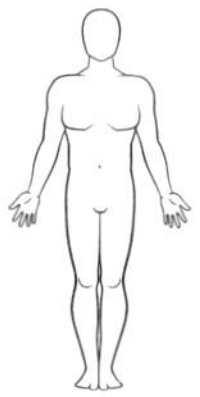

- **오늘의 한 줄**

ex 오늘의 목표 중 어떤 부분이 만족스러운가? 목표 달성을 하지 못했다면 어떤 이유 때문인가?

Daily Question

- 달리면서 힘들었던 구간이 있나요?

- 힘들었지만 오늘의 목표를 달성한 자신에게 한마디 해주세요.

Before Running

- **오늘의 목표** ex **공통** 15분 천천히 달리기 + 10분 휴식 + (100m 빠르게 달리기 x 2회)

- **오늘의 원칙** ex **공통** 빠르게 달릴 때 팔을 너무 과도하게 흔들지 않기

오늘의 중점 연습	운동 전 컨디션 체크
□ 거리 □ 강도 □ 보강운동 □ 회복	□ 좋음 □ 보통 □ 나쁨

- **어제보다 좀 더 나은 달리기를 위해 한 것들**
  ex 보강운동, 웨이트, 필라테스, 요가, 식단

- **달릴 때 신경 쓰이는 것들** (신체적인 면)

- **목표 달성을 멀어지게 하는 것들** (생활적인 면 / 정신적인 면)
  ex 가족관계, 회사일, 친구들과의 교류

Daily Question

- 오늘 컨디션을 좌지우지한 것은 무엇이었나요?

- 목표달성을 위해 미루게 된 일상이 있나요? 또는, 미루고 싶은 일상이 있나요?

After Running

거리	소요 시간	평균 페이스	총 누적거리
km	: :	:	km

- **목표 달성 여부**

☐ 0 ☐ X

- **운동 장소** ex 석촌호수 or 트랙 or 헬스장

운동 강도	운동 후 컨디션 체크
☐ 초특급힘듦 ☐ 힘듦 ☐ 적당함 ☐ 쉬웠음 ☐ 너무 쉬웠음	☐ 좋음 ☐ 보통 ☐ 나쁨

- **운동 후 수행 한 것**

스트레칭 ☐ 0 ☐ X

웜업 ☐ 0 ☐ X

쿨다운 ☐ 0 ☐ X

보강운동 ☐ 0 ☐ X

- **운동 후 통증이 느껴지 곳**

ex
아픈곳 그림에 체크,
어떤 통증인지
구체적으로 쓰기

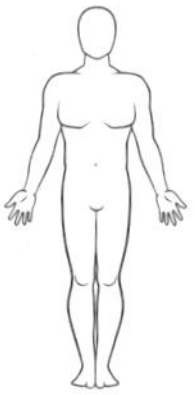

- **오늘의 한 줄**

ex 오늘의 목표 중 어떤 부분이 만족스러운가? 목표 달성을 하지 못했다면 어떤 이유 때문인가?

Daily Question

- 가장 약하다고 생각하는 신체 부위는 어디 인가요?

- 신체를 좌, 우로 나누었을 때 불균형 하다고 생각하는 부위는 어디 인가요?

Before Running

- **오늘의 목표** ex **비기너** 8km 빠르게 달리기 / **에이스** 18km 천천히 달리기

- **오늘의 원칙** ex **공통** 최소 30분에 한 번씩 물 마시기

오늘의 중점 연습				운동 전 컨디션 체크		
□ 거리	□ 강도	□ 보강운동	□ 회복	□ 좋음	□ 보통	□ 나쁨

- **어제보다 좀 더 나은 달리기를 위해 한 것들**
  ex 보강운동, 웨이트, 필라테스, 요가, 식단

- **달릴 때 신경 쓰이는 것들** (신체적인 면)

- **목표 달성을 멀어지게 하는 것들** (생활적인 면 / 정신적인 면)
  ex 가족관계, 회사일, 친구들과의 교류

Daily Question 메인운동

- 멈추고 싶은 순간에 견뎌본 적이 있나요?

- 그 순간들을 어떤 마음으로 견뎠나요?

때려치우고 집에 가고 싶었지만 나는 러너니깐, 최소거리라도 채우고 간다. 이소연

After Running

거리	소요 시간	평균 페이스	총 누적거리
km	: :	:	km

- **목표 달성 여부**

☐ O ☐ X

- **운동 장소** ex 석촌호수 or 트랙 or 헬스장

운동 강도	운동 후 컨디션 체크
☐ 초특급힘듦 ☐ 힘듦 ☐ 적당함 ☐ 쉬웠음 ☐ 너무 쉬웠음	☐ 좋음 ☐ 보통 ☐ 나쁨

- **운동 후 수행 한 것**

스트레칭	☐ O	☐ X
웜업	☐ O	☐ X
쿨다운	☐ O	☐ X
보강운동	☐ O	☐ X

- **운동 후 통증이 느껴지 곳**

ex
아픈곳 그림에 체크,
어떤 통증인지
구체적으로 쓰기

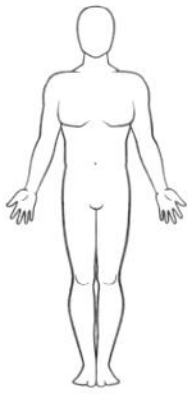

- **오늘의 한 줄**

ex 오늘의 목표 중 어떤 부분이 만족스러운가? 목표 달성을 하지 못했다면 어떤 이유 때문인가?

Daily Question

- 달릴 때 고치고 싶은 습관이 있나요?

- 그 습관을 반복하는 원인을 적어보세요.

Before Running

- **오늘의 목표** ex 공통 근육 마사지와 스트레칭 30분 이상 하기

- **오늘의 원칙** ex 공통 반동을 주지 않고 지긋이 누르듯 스트레칭 하기

오늘의 중점 연습	운동 전 컨디션 체크
□ 거리 □ 강도 □ 보강운동 □ 회복	□ 좋음 □ 보통 □ 나쁨

- **어제보다 좀 더 나은 달리기를 위해 한 것들**
  ex 보강운동, 웨이트, 필라테스, 요가, 식단

- **달릴 때 신경 쓰이는 것들** (신체적인 면)

- **목표 달성을 멀어지게 하는 것들** (생활적인 면 / 정신적인 면)
  ex 가족관계, 회사일, 친구들과의 교류

Daily Question 회복

- 회복을 위해 어떤 것을 중점을 둘 생각인가요?

□ 영양섭취 □ 회복하는 달리기
□ 스트레칭 □ 수면

- 당신의 회복을 방해하는 것은 무엇인가요?

가장 짜릿한 러닝은 이른 아침, 공복상태에서 뛸 때 스며드는 러너스 하이. 이현

After Running

거리	소요 시간	평균 페이스	총 누적거리
km	: :	:	km

- **목표 달성 여부**

☐ O ☐ X

- **운동 장소** ex 석촌호수 or 트랙 or 헬스장

운동 강도	운동 후 컨디션 체크
☐ 초특급힘듦 ☐ 힘듦 ☐ 적당함 ☐ 쉬웠음 ☐ 너무 쉬웠음	☐ 좋음 ☐ 보통 ☐ 나쁨

- **운동 후 수행 한 것**

스트레칭	☐ O	☐ X
웜업	☐ O	☐ X
쿨다운	☐ O	☐ X
보강운동	☐ O	☐ X

- **운동 후 통증이 느껴지 곳**

ex
아픈곳 그림에 체크,
어떤 통증인지
구체적으로 쓰기

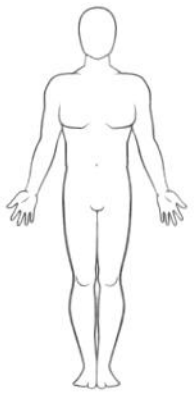

- **오늘의 한 줄**

ex 오늘의 목표 중 어떤 부분이 만족스러운가? 목표 달성을 하지 못했다면 어떤 이유 때문인가?

Daily Question

- 달리기를 하면서 힘들 때 어떤 말을 듣고 싶었나요?

- 목표로 한 달리기가 끝나고 나면 어떤 말을 듣고 싶나요? 꼭 주변 사람이 아닌 스스로에게 하는 말이어도 좋습니다.

Before Running

- **오늘의 목표** ex **비기너** 언덕이 있는 길 3km 달리기 / **에이스** 언덕이 있는 길 5km 달리기

- **오늘의 원칙** ex **공통** 언덕 때 걷지 않기

오늘의 중점 연습				운동 전 컨디션 체크		
□ 거리	□ 강도	□ 보강운동	□ 회복	□ 좋음	□ 보통	□ 나쁨

- **어제보다 좀 더 나은 달리기를 위해 한 것들**
  ex 보강운동, 웨이트, 필라테스, 요가, 식단

- **달릴 때 신경 쓰이는 것들** (신체적인 면)

- **목표 달성을 멀어지게 하는 것들** (생활적인 면 / 정신적인 면)
  ex 가족관계, 회사일, 친구들과의 교류

Daily Question

- 달리기를 하면 떠오르는 감정은 무엇인가요?

□ 두려움 □ 기대감 □ 긍정 □ 부정

□ 귀찮음 □ 흥분 □ 열정 □ 의지

□ 건강 □ 욕심 □ 좌절 □ 우울

□ 기타(　　)

- 요즘 나의 일상에서 가장 크게 차지하는 감정은 무엇인가요?

After Running

거리	소요 시간	평균 페이스	총 누적거리
km	: :	:	km

목표 달성 여부

☐ O ☐ X

운동 장소

ex 석촌호수 or 트랙 or 헬스장

운동 강도	운동 후 컨디션 체크
☐ 초특급힘듦 ☐ 힘듦 ☐ 적당함 ☐ 쉬웠음 ☐ 너무 쉬웠음	☐ 좋음 ☐ 보통 ☐ 나쁨

운동 후 수행 한 것

스트레칭	☐ O	☐ X
웜업	☐ O	☐ X
쿨다운	☐ O	☐ X
보강운동	☐ O	☐ X

운동 후 통증이 느껴지 곳

ex
아픈곳 그림에 체크,
어떤 통증인지
구체적으로 쓰기

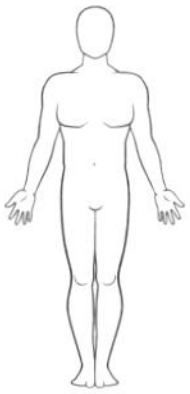

오늘의 한 줄

ex 오늘의 목표 중 어떤 부분이 만족스러운가? 목표 달성을 하지 못했다면 어떤 이유 때문인가?

Daily Question

- 오늘 달리기 때 가장 많이 한 생각은 무엇인가요?

- 오늘 달리고 난 후 가장 먼저 한 행동은 무엇이었나요?

Before Running

- **오늘의 목표** ex **비기너** 4km 보통 달리기 / **에이스** 6km 보통 달리기

- **오늘의 원칙** ex **공통** 안정된 호흡 유지하기

오늘의 중점 연습	운동 전 컨디션 체크
□ 거리 □ 강도 □ 보강운동 □ 회복	□ 좋음 □ 보통 □ 나쁨

- **어제보다 좀 더 나은 달리기를 위해 한 것들**
  ex 보강운동, 웨이트, 필라테스, 요가, 식단

- **달릴 때 신경 쓰이는 것들** (신체적인 면)

- **목표 달성을 멀어지게 하는 것들** (생활적인 면 / 정신적인 면)
  ex 가족관계, 회사일, 친구들과의 교류

Daily Question

- 그동안 충분한 휴식을 취한 적이 있나요?

- 목표를 달성했을 때 스스로에게 어떤 보상을 주고 싶나요?

After Running

거리	소요 시간	평균 페이스	총 누적거리
km	: :	:	km

- **목표 달성 여부**

☐ O ☐ X

- **운동 장소** ex 석촌호수 or 트랙 or 헬스장

운동 강도	운동 후 컨디션 체크
☐ 초특급힘듦 ☐ 힘듦 ☐ 적당함 ☐ 쉬웠음 ☐ 너무 쉬웠음	☐ 좋음 ☐ 보통 ☐ 나쁨

- **운동 후 수행 한 것**

스트레칭 ☐ O ☐ X

웜업 ☐ O ☐ X

쿨다운 ☐ O ☐ X

보강운동 ☐ O ☐ X

- **운동 후 통증이 느껴지 곳**

ex
아픈곳 그림에 체크,
어떤 통증인지
구체적으로 쓰기

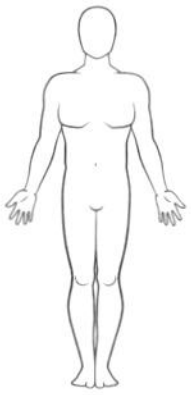

- **오늘의 한 줄**

ex 오늘의 목표 중 어떤 부분이 만족스러운가? 목표 달성을 하지 못했다면 어떤 이유 때문인가?

Daily Question

- 목표를 달성한 기쁨을 누구에게 알리고 싶나요?

- 오늘, 나 자신을 칭찬해 주고 싶은 것은 무엇인가요?

Before Running

- **오늘의 목표** ex **비기너** 40분 보통 달리기 / **에이스** 60분 보통 달리기

- **오늘의 원칙** ex **공통** 마지막 5분 질주하기

오늘의 중점 연습	운동 전 컨디션 체크
□ 거리 □ 강도 □ 보강운동 □ 회복	□ 좋음 □ 보통 □ 나쁨

- **어제보다 좀 더 나은 달리기를 위해 한 것들**
ex 보강운동, 웨이트, 필라테스, 요가, 식단

- **달릴 때 신경 쓰이는 것들** (신체적인 면)

- **목표 달성을 멀어지게 하는 것들** (생활적인 면 / 정신적인 면)
ex 가족관계, 회사일, 친구들과의 교류

Daily Question

- 오늘 날씨는 어떤가요? 기후, 온도, 습도를 고려하여 구체적으로 적어보세요.

- 오늘 달리기 복장은 날씨에 적합한가요? 준비한 복장을 적어보세요.

After Running

거리	소요 시간	평균 페이스	총 누적거리
km	: :	:	km

- **목표 달성 여부**

☐ O ☐ X

- **운동 장소** ex 석촌호수 or 트랙 or 헬스장

운동 강도	운동 후 컨디션 체크
☐ 초특급힘듦 ☐ 힘듦 ☐ 적당함 ☐ 쉬웠음 ☐ 너무 쉬웠음	☐ 좋음 ☐ 보통 ☐ 나쁨

- **운동 후 수행 한 것**

스트레칭	☐ O	☐ X
웜업	☐ O	☐ X
쿨다운	☐ O	☐ X
보강운동	☐ O	☐ X

- **운동 후 통증이 느껴지 곳**

ex
아픈곳 그림에 체크,
어떤 통증인지
구체적으로 쓰기

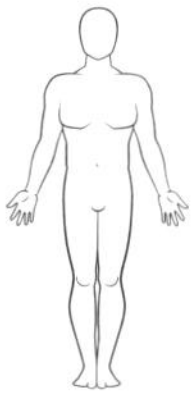

- **오늘의 한 줄**

ex 오늘의 목표 중 어떤 부분이 만족스러운가? 목표 달성을 하지 못했다면 어떤 이유 때문인가?

Daily Question

- 달릴 때 날씨가 어떻게 느껴졌나요?

ex 습도가 높아 숨쉬기 힘듦, 추워서 손끝이 아픔 등

- 달릴 때 복장은 편안했나요? 다음 달리기 복장에 고려해야 할 점이 있나요?

Before Running

- **오늘의 목표** ex **비기너** 4km 보통 달리기+근력운동 / **에이스** 6km 보통 달리기+근력운동

- **오늘의 원칙** ex **공통** 근력운동 30분 이상 하기

오늘의 중점 연습				운동 전 컨디션 체크		
□ 거리	□ 강도	□ 보강운동	□ 회복	□ 좋음	□ 보통	□ 나쁨

- **어제보다 좀 더 나은 달리기를 위해 한 것들**
  ex 보강운동, 웨이트, 필라테스, 요가, 식단

- **달릴 때 신경 쓰이는 것들** (신체적인 면)

- **목표 달성을 멀어지게 하는 것들** (생활적인 면 / 정신적인 면)
  ex 가족관계, 회사일, 친구들과의 교류

Daily Question

- 요즘 나의 일상에서 가장 크게 차지하는 감정은 무엇인가요?

- 그 감정에서 벗어나고 싶은 적이 있나요?

After Running

거리	소요 시간	평균 페이스	총 누적거리
km	: :	:	km

목표 달성 여부

☐ O ☐ X

운동 장소 ex 석촌호수 or 트랙 or 헬스장

운동 강도	운동 후 컨디션 체크
☐ 초특급힘듦 ☐ 힘듦 ☐ 적당함 ☐ 쉬웠음 ☐ 너무 쉬웠음	☐ 좋음 ☐ 보통 ☐ 나쁨

운동 후 수행 한 것

스트레칭	☐ O	☐ X
웜업	☐ O	☐ X
쿨다운	☐ O	☐ X
보강운동	☐ O	☐ X

운동 후 통증이 느껴지 곳

ex
아픈곳 그림에 체크,
어떤 통증인지
구체적으로 쓰기

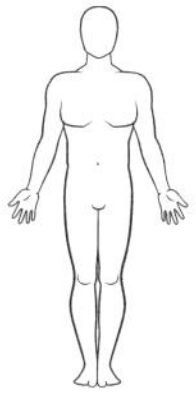

오늘의 한 줄

ex 오늘의 목표 중 어떤 부분이 만족스러운가? 목표 달성을 하지 못했다면 어떤 이유 때문인가?

Daily Question

- 달리기를 하면 떠오르는 감정은 무엇인가요?

☐ 두려움 ☐ 기대감 ☐ 긍정 ☐ 부정
☐ 귀찮음 ☐ 흥분 ☐ 열정 ☐ 의지
☐ 건강 ☐ 욕심 ☐ 좌절 ☐ 우울
☐ 기타( )

- 달리기를 하면서 힘들 때 어떤 말을 듣고 싶나요?

Before Running

- **오늘의 목표** ex **공통** 15분 천천히 달리기 + 10분 휴식 + (100m 질주하기 x 2회)

- **오늘의 원칙** ex **공통** 빠르게 달릴 때 팔을 너무 과도하게 흔들지 않기

오늘의 중점 연습				운동 전 컨디션 체크		
□ 거리	□ 강도	□ 보강운동	□ 회복	□ 좋음	□ 보통	□ 나쁨

- **어제보다 좀 더 나은 달리기를 위해 한 것들**
  ex 보강운동, 웨이트, 필라테스, 요가, 식단

- **달릴 때 신경 쓰이는 것들** (신체적인 면)

- **목표 달성을 멀어지게 하는 것들** (생활적인 면 / 정신적인 면)
  ex 가족관계, 회사일, 친구들과의 교류

Daily Question

- 어떤 일이 나의 컨디션을 좌지우지 하는가요?

- 어떤 일들이 나의 달리기에 영향을 끼치나요?

After Running

거리	소요 시간	평균 페이스	총 누적거리
km	: :	:	km

- **목표 달성 여부**

☐ O ☐ X

- **운동 장소** ex 석촌호수 or 트랙 or 헬스장

운동 강도	운동 후 컨디션 체크
☐ 초특급힘듦 ☐ 힘듦 ☐ 적당함 ☐ 쉬웠음 ☐ 너무 쉬웠음	☐ 좋음 ☐ 보통 ☐ 나쁨

- **운동 후 수행 한 것**

스트레칭	☐ O	☐ X
웜업	☐ O	☐ X
쿨다운	☐ O	☐ X
보강운동	☐ O	☐ X

- **운동 후 통증이 느껴지 곳**

ex
아픈곳 그림에 체크,
어떤 통증인지
구체적으로 쓰기

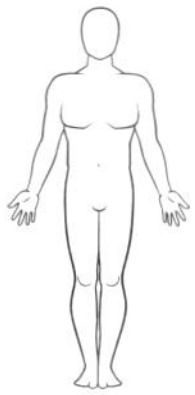

- **오늘의 한 줄**

ex 오늘의 목표 중 어떤 부분이 만족스러운가? 목표 달성을 하지 못했다면 어떤 이유 때문인가?

Daily Question

- 달리기가 나를 어떻게 변화시키고 있는 것 같나요?

- 나는 달리기가 어떤 점이 좋은가요?

Before Running

- **오늘의 목표** ex **비기너** 8km 빠르게 달리기 / **에이스** 18km 보통 달리기

- **오늘의 원칙** ex **공통** 느릴지언정 걷지 않기

오늘의 중점 연습				운동 전 컨디션 체크		
□ 거리	□ 강도	□ 보강운동	□ 회복	□ 좋음	□ 보통	□ 나쁨

- **어제보다 좀 더 나은 달리기를 위해 한 것들**
  ex 보강운동, 웨이트, 필라테스, 요가, 식단

- **달릴 때 신경 쓰이는 것들** (신체적인 면)

- **목표 달성을 멀어지게 하는 것들** (생활적인 면 / 정신적인 면)
  ex 가족관계, 회사일, 친구들과의 교류

Daily Question 메인운동

- 운동시간을 방해하는 것들이 있나요? 운동을 망설이게 하는 것들을 적어보세요.

- 달리기에 집중하지 못하게 하는 생각들이 있으면 상세하게 적어보세요.

After Running

거리	소요 시간	평균 페이스	총 누적거리
km	: :	:	km

- **목표 달성 여부**

☐ O ☐ X

- **운동 장소** ex 석촌호수 or 트랙 or 헬스장

운동 강도					운동 후 컨디션 체크		
☐ 초특급힘듦	☐ 힘듦	☐ 적당함	☐ 쉬웠음	☐ 너무 쉬웠음	☐ 좋음	☐ 보통	☐ 나쁨

- **운동 후 수행 한 것**

스트레칭	☐ O	☐ X
웜업	☐ O	☐ X
쿨다운	☐ O	☐ X
보강운동	☐ O	☐ X

- **운동 후 통증이 느껴지 곳**

ex
아픈곳 그림에 체크,
어떤 통증인지
구체적으로 쓰기

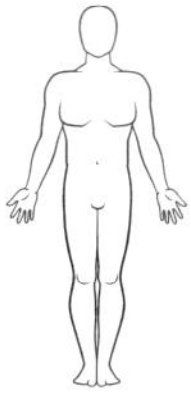

- **오늘의 한 줄**

ex 오늘의 목표 중 어떤 부분이 만족스러운가? 목표 달성을 하지 못했다면 어떤 이유 때문인가?

Daily Question

- 오늘은 달리면서 무슨 생각을 했나요?

- 달리면서 뿌듯했던 순간 혹은 후회했던 순간이 있나요?

ex 마지막 100m를 전력질주 했다.

Before Running

- **오늘의 목표** ex 공통 근육 마사지와 스트레칭 30분 이상 하기

- **오늘의 원칙** ex 공통 반동을 주지 않고 지긋이 누르듯 스트레칭 하기, 단백질이 포함된 식사 하기

오늘의 중점 연습	운동 전 컨디션 체크
□ 거리 □ 강도 □ 보강운동 □ 회복	□ 좋음 □ 보통 □ 나쁨

- **어제보다 좀 더 나은 달리기를 위해 한 것들**
  ex 보강운동, 웨이트, 필라테스, 요가, 식단

- **달릴 때 신경 쓰이는 것들** (신체적인 면)

- **목표 달성을 멀어지게 하는 것들** (생활적인 면 / 정신적인 면)
  ex 가족관계, 회사일, 친구들과의 교류

Daily Question 휴식

- 달리기 컨디션이 가장 좋았던 시간대는 언제 인가요?

□ 새벽 □ 아침

□ 점심 □ 저녁

□ 밤

- 오늘의 스트레스 지수는 어떤가요?

After Running

거리	소요 시간	평균 페이스	총 누적거리
km	: :	:	km

- **목표 달성 여부**

☐ O ☐ X

- **운동 장소** ex 석촌호수 or 트랙 or 헬스장

운동 강도	운동 후 컨디션 체크
☐ 초특급힘듦 ☐ 힘듦 ☐ 적당함 ☐ 쉬웠음 ☐ 너무 쉬웠음	☐ 좋음 ☐ 보통 ☐ 나쁨

- **운동 후 수행 한 것**

스트레칭	☐ O	☐ X
웜업	☐ O	☐ X
쿨다운	☐ O	☐ X
보강운동	☐ O	☐ X

- **운동 후 통증이 느껴지 곳**

ex
아픈곳 그림에 체크,
어떤 통증인지
구체적으로 쓰기

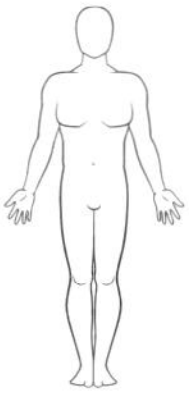

- **오늘의 한 줄**

ex 오늘의 목표 중 어떤 부분이 만족스러운가? 목표 달성을 하지 못했다면 어떤 이유 때문인가?

Daily Question

- 신체 회복을 방해하는 요소가 있나요?

- 달리고 나서부터 변화된 생활패턴이 있나요?

ex 술 약속을 자제하게 되었다.

Before Running

- **오늘의 목표** ex **비기너** 6km 달리기(2분 빠르게+1분 보통속도 반복) /
  에이스 8km 달리기(2분 빠르게+1분 보통속도 반복)

- **오늘의 원칙** ex **공통** 빠르게 달릴 때 허리 구부리지 않기

오늘의 중점 연습	운동 전 컨디션 체크
□ 거리 □ 강도 □ 보강운동 □ 회복	□ 좋음 □ 보통 □ 나쁨

- **어제보다 좀 더 나은 달리기를 위해 한 것들**
  ex 보강운동, 웨이트, 필라테스, 요가, 식단

- **달릴 때 신경 쓰이는 것들** (신체적인 면)

- **목표 달성을 멀어지게 하는 것들** (생활적인 면 / 정신적인 면)
  ex 가족관계, 회사일, 친구들과의 교류

Daily Question

- 달리기 능력 향상을 위한 노력들 중 어떤 것이 가장 효과적이었나요?

- 그 방법으로 달리기 능력이 어느정도 향상되었나요? 구체적 상황표현으로 적어주세요.

After Running

거리	소요 시간	평균 페이스	총 누적거리
km	: :	:	km

- **목표 달성 여부**

□ O □ X

- **운동 장소** ex 석촌호수 or 트랙 or 헬스장

운동 강도	운동 후 컨디션 체크
□ 초특급힘듦 □ 힘듦 □ 적당함 □ 쉬웠음 □ 너무 쉬웠음	□ 좋음 □ 보통 □ 나쁨

- **운동 후 수행 한 것**

스트레칭	□ O	□ X
웜업	□ O	□ X
쿨다운	□ O	□ X
보강운동	□ O	□ X

- **운동 후 통증이 느껴지 곳**

ex
아픈곳 그림에 체크,
어떤 통증인지
구체적으로 쓰기

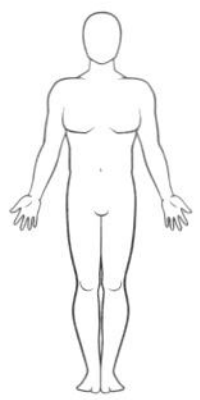

- **오늘의 한 줄**

ex 오늘의 목표 중 어떤 부분이 만족스러운가? 목표 달성을 하지 못했다면 어떤 이유 때문인가?

Daily Question

- 달리고 난 후 수분을 충분히 보충했나요? 얼마만큼의 물을 마셨나요?

- 달리고 난 후 가장 먼저 하는 행동은 무엇인가요?

Before Running

- **오늘의 목표** ex **비기너** 5km 천천히 달리기 / **에이스** 6km 천천히 달리기

- **오늘의 원칙** ex **공통** 안정된 호흡 유지하기, 마지막 100m 질주하기

오늘의 중점 연습	운동 전 컨디션 체크
□ 거리 □ 강도 □ 보강운동 □ 회복	□ 좋음 □ 보통 □ 나쁨

- **어제보다 좀 더 나은 달리기를 위해 한 것들**
  ex 보강운동, 웨이트, 필라테스, 요가, 식단

- **달릴 때 신경 쓰이는 것들** (신체적인 면)

- **목표 달성을 멀어지게 하는 것들** (생활적인 면 / 정신적인 면)
  ex 가족관계, 회사일, 친구들과의 교류

Daily Question

- 오늘은 몸 상태가 어떤가요?

- 오늘의 달리기에서 집중적으로 훈련하고 싶은 부분은 무엇인가요?

After Running

거리	소요 시간	평균 페이스	총 누적거리
km	: :	:	km

- **목표 달성 여부**

☐O ☐X

- **운동 장소** ex 석촌호수 or 트랙 or 헬스장

운동 강도	운동 후 컨디션 체크
☐초특급힘듦 ☐힘듦 ☐적당함 ☐쉬웠음 ☐너무 쉬웠음	☐좋음 ☐보통 ☐나쁨

- **운동 후 수행 한 것**

스트레칭	☐O	☐X
웜업	☐O	☐X
쿨다운	☐O	☐X
보강운동	☐O	☐X

- **운동 후 통증이 느껴지 곳**

ex
아픈곳 그림에 체크,
어떤 통증인지
구체적으로 쓰기

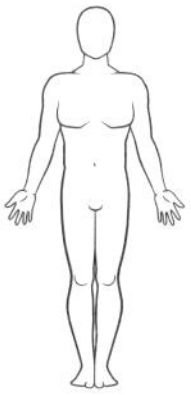

- **오늘의 한 줄**

ex 오늘의 목표 중 어떤 부분이 만족스러운가? 목표 달성을 하지 못했다면 어떤 이유 때문인가?

Daily Question

- 오늘 훈련에서 잘된 부분은 어떤 건가요?

- 잘 되지 않았다면 어떤 것 때문인가요?

Before Running

- **오늘의 목표** ex **비기너** 8km 보통 달리기 / **에이스** 10km 보통 달리기

- **오늘의 원칙** ex **공통** 속도 일정하게 유지하기

오늘의 중점 연습	운동 전 컨디션 체크
□ 거리　□ 강도　□ 보강운동　□ 회복	□ 좋음　□ 보통　□ 나쁨

- **어제보다 좀 더 나은 달리기를 위해 한 것들**
  ex 보강운동, 웨이트, 필라테스, 요가, 식단

- **달릴 때 신경 쓰이는 것들** (신체적인 면)

- **목표 달성을 멀어지게 하는 것들** (생활적인 면 / 정신적인 면)
  ex 가족관계, 회사일, 친구들과의 교류

Daily Question

- 오늘 신을 운동화는 무엇인가요? 그 운동화의 장점은 무엇인가요?
  ex 나이키 베어퍼플라이 / 가볍고 쿠션이 좋아 무릎에 충격이 덜함

- 오늘 달리기 복장은 날씨에 적합한가요? 준비한 복장을 적어보세요.

After Running

거리	소요 시간	평균 페이스	총 누적거리
km	: :	:	km

- **목표 달성 여부**

☐ O ☐ X

- **운동 장소** ex 석촌호수 or 트랙 or 헬스장

운동 강도	운동 후 컨디션 체크
☐ 초특급힘듦 ☐ 힘듦 ☐ 적당함 ☐ 쉬웠음 ☐ 너무 쉬웠음	☐ 좋음 ☐ 보통 ☐ 나쁨

- **운동 후 수행 한 것**

스트레칭 ☐ O ☐ X

웜업 ☐ O ☐ X

쿨다운 ☐ O ☐ X

보강운동 ☐ O ☐ X

- **운동 후 통증이 느껴지 곳**

ex
아픈곳 그림에 체크,
어떤 통증인지
구체적으로 쓰기

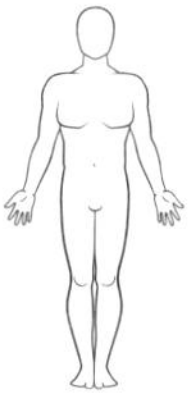

- **오늘의 한 줄**

ex 오늘의 목표 중 어떤 부분이 만족스러운가? 목표 달성을 하지 못했다면 어떤 이유 때문인가?

Daily Question

- 복장은 날씨에 적합했나요? 부족했다면 어떤 것이 필요할 것 같나요?

- 달리면서 신경 쓰인 것은 무엇이었나요?

Before Running

- **오늘의 목표** ex **비기너** 5km 보통 달리기+근력운동 / **에이스** 6km 보통 달리기+근력운동

- **오늘의 원칙** ex **공통** 마지막 1km 빠르게 달리기

오늘의 중점 연습				운동 전 컨디션 체크		
□ 거리	□ 강도	□ 보강운동	□ 회복	□ 좋음	□ 보통	□ 나쁨

- **어제보다 좀 더 나은 달리기를 위해 한 것들**
  ex 보강운동, 웨이트, 필라테스, 요가, 식단

- **달릴 때 신경 쓰이는 것들** (신체적인 면)

- **목표 달성을 멀어지게 하는 것들** (생활적인 면 / 정신적인 면)
  ex 가족관계, 회사일, 친구들과의 교류

Daily Question

- 내가 가장 좋아하는 달리기 장소는 어디인가요?

- 그 장소의 특징은 어떤가요?

After Running

거리	소요 시간	평균 페이스	총 누적거리
km	: :	:	km

- **목표 달성 여부**

☐ O ☐ X

- **운동 장소** ex 석촌호수 or 트랙 or 헬스장

운동 강도	운동 후 컨디션 체크
☐ 초특급힘듦 ☐ 힘듦 ☐ 적당함 ☐ 쉬웠음 ☐ 너무 쉬웠음	☐ 좋음 ☐ 보통 ☐ 나쁨

- **운동 후 수행 한 것**

스트레칭	☐ O	☐ X
웜업	☐ O	☐ X
쿨다운	☐ O	☐ X
보강운동	☐ O	☐ X

- **운동 후 통증이 느껴지 곳**

ex
아픈곳 그림에 체크,
어떤 통증인지
구체적으로 쓰기

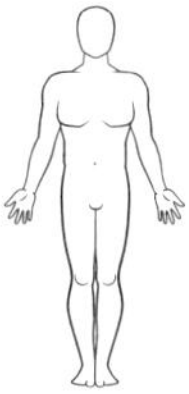

- **오늘의 한 줄**

ex 오늘의 목표 중 어떤 부분이 만족스러운가? 목표 달성을 하지 못했다면 어떤 이유 때문인가?

Daily Question

- 오늘 달린 구간 중 가장 속도가 좋았던 때는 언제인가요?

- 오늘 달린 구간 중 가장 마음에 드는 부분은 어떨 때이고 왜 그런가요?

ex 스타트 / 피니쉬 / 코너 등

Before Running

- **오늘의 목표** ex **공통** 15분 천천히 달리기+10분 휴식+(100m 질주하기x2회)

- **오늘의 원칙** ex **공통** 빠르게 달릴 때 팔을 너무 과도하게 흔들지 않기

오늘의 중점 연습	운동 전 컨디션 체크
□ 거리 □ 강도 □ 보강운동 □ 회복	□ 좋음 □ 보통 □ 나쁨

- **어제보다 좀 더 나은 달리기를 위해 한 것들**
ex 보강운동, 웨이트, 필라테스, 요가, 식단

- **달릴 때 신경 쓰이는 것들**(신체적인 면)

- **목표 달성을 멀어지게 하는 것들**(생활적인 면 / 정신적인 면)
ex 가족관계, 회사일, 친구들과의 교류

Daily Question

- 달리기 능력 향상을 위한 노력들 중 어떤 것이 가장 효과적이었나요?

- 그 방법으로 달리기 능력이 어느정도 향상되었나요? 구체적 상황표현으로 적어주세요.

심장을 쥐어짜는 듯한 느낌이 지나가면 날아갈 듯한 해방감이 온다. 이지현

After Running

거리	소요 시간	평균 페이스	총 누적거리
km	: :	:	km

목표 달성 여부

□ O □ X

운동 장소 ex 석촌호수 or 트랙 or 헬스장

운동 강도	운동 후 컨디션 체크
□ 초특급힘듦 □ 힘듦 □ 적당함 □ 쉬웠음 □ 너무 쉬웠음	□ 좋음 □ 보통 □ 나쁨

운동 후 수행 한 것

스트레칭	□ O	□ X
웜업	□ O	□ X
쿨다운	□ O	□ X
보강운동	□ O	□ X

운동 후 통증이 느껴지 곳

ex
아픈곳 그림에 체크,
어떤 통증인지
구체적으로 쓰기

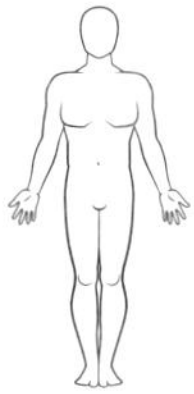

오늘의 한 줄

ex 오늘의 목표 중 어떤 부분이 만족스러운가? 목표 달성을 하지 못했다면 어떤 이유 때문인가?

Daily Question

- 달리고 난 후 수분을 충분히 보충했나요? 얼마만큼의 물을 마셨나요?

- 달리고 난 후 가장 먼저 하는 행동은 무엇인가요?

Before Running

- **오늘의 목표** ex **비기너** 100m 질주 3번+8km 빠르게 달리기 / **에이스** 100m 질주 3번+18km 보통 달리기

- **오늘의 원칙** ex **공통** 최소 30분에 한 번씩 물 마시기

오늘의 중점 연습	운동 전 컨디션 체크
□ 거리 □ 강도 □ 보강운동 □ 회복	□ 좋음 □ 보통 □ 나쁨

- **어제보다 좀 더 나은 달리기를 위해 한 것들**
  ex 보강운동, 웨이트, 필라테스, 요가, 식단

- **달릴 때 신경 쓰이는 것들** (신체적인 면)

- **목표 달성을 멀어지게 하는 것들** (생활적인 면 / 정신적인 면)
  ex 가족관계, 회사일, 친구들과의 교류

Daily Question 메인운동

- 달리기를 망설이게 하는 것들은 무엇이 있나요?

- 그 유혹을 어떻게 참아내나요?

After Running

거리	소요 시간	평균 페이스	총 누적거리
km	: :	:	km

- **목표 달성 여부**

☐ O ☐ X

- **운동 장소** ex 석촌호수 or 트랙 or 헬스장

운동 강도					운동 후 컨디션 체크		
☐ 초특급힘듦	☐ 힘듦	☐ 적당함	☐ 쉬웠음	☐ 너무 쉬웠음	☐ 좋음	☐ 보통	☐ 나쁨

- **운동 후 수행 한 것**

스트레칭	☐ O	☐ X
웜업	☐ O	☐ X
쿨다운	☐ O	☐ X
보강운동	☐ O	☐ X

- **운동 후 통증이 느껴지 곳**

ex
아픈곳 그림에 체크,
어떤 통증인지
구체적으로 쓰기

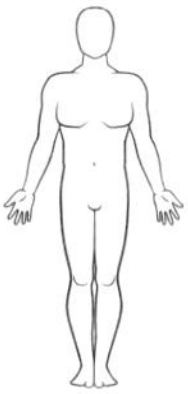

- **오늘의 한 줄**

ex 오늘의 목표 중 어떤 부분이 만족스러운가? 목표 달성을 하지 못했다면 어떤 이유 때문인가?

Daily Question

- 주로 달리는 시간은 언제인가요?

- 그 시간에 달리 때 주변 풍경은 어떤가요?

Before Running

- **오늘의 목표** ex 공통 근육 마사지와 스트레칭 30분 이상 하기

- **오늘의 원칙** ex 공통 반동을 주지 않고 지긋이 누르듯 스트레칭 하기

오늘의 중점 연습	운동 전 컨디션 체크
□ 거리 □ 강도 □ 보강운동 □ 회복	□ 좋음 □ 보통 □ 나쁨

- **어제보다 좀 더 나은 달리기를 위해 한 것들**
  ex 보강운동, 웨이트, 필라테스, 요가, 식단

- **달릴 때 신경 쓰이는 것들** (신체적인 면)

- **목표 달성을 멀어지게 하는 것들** (생활적인 면 / 정신적인 면)
  ex 가족관계, 회사일, 친구들과의 교류

Daily Question 회복

- 회복을 위해 어떤 것을 중점을 둘 생각인가요?

  □ 영양섭취 □ 회복하는 달리기
  □ 스트레칭 □ 수면

- 당신의 회복을 방해하는 것은 무엇인가요?

고통을 이겨내고 심장이 터질 듯 뛰다 보면 그 어느 때보다 나에게 집중할 수 있다. 다시 달리고 싶다. 배현규

After Running

거리	소요 시간	평균 페이스	총 누적거리
km	: :	:	km

- **목표 달성 여부**

☐ O ☐ X

- **운동 장소** ex 석촌호수 or 트랙 or 헬스장

운동 강도	운동 후 컨디션 체크
☐ 초특급힘듦 ☐ 힘듦 ☐ 적당함 ☐ 쉬웠음 ☐ 너무 쉬웠음	☐ 좋음 ☐ 보통 ☐ 나쁨

- **운동 후 수행 한 것**

스트레칭	☐ O	☐ X
웜업	☐ O	☐ X
쿨다운	☐ O	☐ X
보강운동	☐ O	☐ X

- **운동 후 통증이 느껴지 곳**

ex
아픈곳 그림에 체크,
어떤 통증인지
구체적으로 쓰기

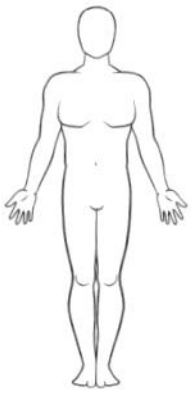

- **오늘의 한 줄**

ex 오늘의 목표 중 어떤 부분이 만족스러운가? 목표 달성을 하지 못했다면 어떤 이유 때문인가?

Daily Question

- 달리기를 하면서 힘들 때 어떤 말을 듣고 싶었나요?

- 목표로 한 달리기가 끝나고 나면 어떤 말을 듣고 싶나요? 꼭 주변 사람이 아닌 스스로에게 하는 말이어도 좋습니다.

DAY 86

영양 강화 기간

Before Running

- **오늘의 목표** ex **비기너** 5km 천천히 달리기+근력운동 / **에이스** 6km 천천히 달리기+근력운동

- **오늘의 원칙** ex **공통** 느릴지언정 걷지 않기

오늘의 중점 연습	운동 전 컨디션 체크
□ 거리 □ 강도 □ 보강운동 □ 회복	□ 좋음 □ 보통 □ 나쁨

- **어제보다 좀 더 나은 달리기를 위해 한 것들**
  ex 보강운동, 웨이트, 필라테스, 요가, 식단

- **달릴 때 신경 쓰이는 것들** (신체적인 면)

- **목표 달성을 멀어지게 하는 것들** (생활적인 면 / 정신적인 면)
  ex 가족관계, 회사일, 친구들과의 교류

Monthly Question

- 지금까지 가장 많이 달린 장소는 어디인가요?

- 나는 왜 그 장소를 선호했나요?

After Running

거리	소요 시간	평균 페이스	총 누적거리
km	: :	:	km

- **목표 달성 여부**

☐ O ☐ X

- **운동 장소** ex 석촌호수 or 트랙 or 헬스장

운동 강도	운동 후 컨디션 체크
☐ 초특급힘듦 ☐ 힘듦 ☐ 적당함 ☐ 쉬웠음 ☐ 너무 쉬웠음	☐ 좋음 ☐ 보통 ☐ 나쁨

- **운동 후 수행 한 것**

스트레칭	☐ O	☐ X
웜업	☐ O	☐ X
쿨다운	☐ O	☐ X
보강운동	☐ O	☐ X

- **운동 후 통증이 느껴지 곳**

ex
아픈곳 그림에 체크,
어떤 통증인지
구체적으로 쓰기

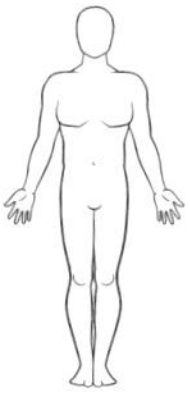

- **오늘의 한 줄**

ex 오늘의 목표 중 어떤 부분이 만족스러운가? 목표 달성을 하지 못했다면 어떤 이유 때문인가?

Monthly Question

- 지금까지 가장 자주 통증을 느낀 부위는 어디인가요?

- 지금까지 시도해 본 부상 회복 훈련 중 어떤 것이 가장 내게 효과적이었나요?

Before Running

- **오늘의 목표** ex **비기너** 50분 보통 달리기 / **에이스** 60분 보통 달리기

- **오늘의 원칙** ex **공통** 느릴지언정 걷지 않기

오늘의 중점 연습	운동 전 컨디션 체크
□ 거리 □ 강도 □ 보강운동 □ 회복	□ 좋음 □ 보통 □ 나쁨

- **어제보다 좀 더 나은 달리기를 위해 한 것들**
  ex 보강운동, 웨이트, 필라테스, 요가, 식단

- **달릴 때 신경 쓰이는 것들** (신체적인 면)

- **목표 달성을 멀어지게 하는 것들** (생활적인 면 / 정신적인 면)
  ex 가족관계, 회사일, 친구들과의 교류

Monthly Question

- 달리면서 온 힘을 다 써 본 적이 있나요?

- 온 힘을 다했을 때 나의 컨디션(신체적인 면, 정신적인 면)은 어떤가요?

After Running

거리	소요 시간	평균 페이스	총 누적거리
km	: :	:	km

- **목표 달성 여부**

☐ O ☐ X

- **운동 장소** ex 석촌호수 or 트랙 or 헬스장

운동 강도	운동 후 컨디션 체크
☐ 초특급힘듦 ☐ 힘듦 ☐ 적당함 ☐ 쉬웠음 ☐ 너무 쉬웠음	☐ 좋음 ☐ 보통 ☐ 나쁨

- **운동 후 수행 한 것**

스트레칭	☐ O	☐ X
웜업	☐ O	☐ X
쿨다운	☐ O	☐ X
보강운동	☐ O	☐ X

- **운동 후 통증이 느껴지 곳**

ex
아픈곳 그림에 체크,
어떤 통증인지
구체적으로 쓰기

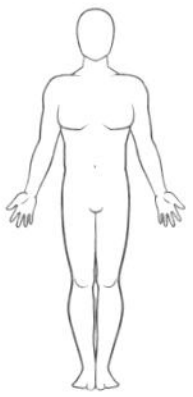

- **오늘의 한 줄**

ex 오늘의 목표 중 어떤 부분이 만족스러운가? 목표 달성을 하지 못했다면 어떤 이유 때문인가?

Monthly Question

- 지금까지 달리기면서 삶이 긍정적으로 변화되었다고 생각하나요?

- 달리기를 하면서 마주한 나는 어떤 사람인가요?

Before Running

- **오늘의 목표** ex **비기너** 5km 보통 달리기+근력운동 / **에이스** 6km 보통 달리기+근력운동

- **오늘의 원칙** ex **공통** 마지막 1km 빠르게 달리기

오늘의 중점 연습				운동 전 컨디션 체크		
□ 거리	□ 강도	□ 보강운동	□ 회복	□ 좋음	□ 보통	□ 나쁨

- **어제보다 좀 더 나은 달리기를 위해 한 것들**
  ex 보강운동, 웨이트, 필라테스, 요가, 식단

- **달릴 때 신경 쓰이는 것들** (신체적인 면)

- **목표 달성을 멀어지게 하는 것들** (생활적인 면 / 정신적인 면)
  ex 가족관계, 회사일, 친구들과의 교류

Monthly Question

- 달리기를 시작한 이후 어떤 신체변화가 있었나요?
  ex 몸무게, 라인, 건강상태 등

- 그동안 뛰면서 가장 많이 느꼈던 감정은 무엇인가요? 왜 그런 감정이 들었던 것 같나요?

After Running

거리	소요 시간	평균 페이스	총 누적거리
km	: :	:	km

- **목표 달성 여부**

☐ O ☐ X

- **운동 장소** ex 석촌호수 or 트랙 or 헬스장

운동 강도					운동 후 컨디션 체크		
☐ 초특급힘듦	☐ 힘듦	☐ 적당함	☐ 쉬웠음	☐ 너무 쉬웠음	☐ 좋음	☐ 보통	☐ 나쁨

- **운동 후 수행 한 것**

스트레칭	☐ O	☐ X
웜업	☐ O	☐ X
쿨다운	☐ O	☐ X
보강운동	☐ O	☐ X

- **운동 후 통증이 느껴지 곳**

ex
아픈곳 그림에 체크,
어떤 통증인지
구체적으로 쓰기

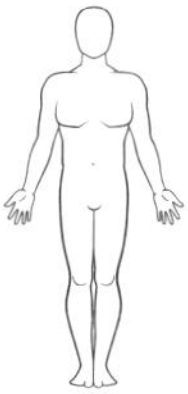

- **오늘의 한 줄**

ex 오늘의 목표 중 어떤 부분이 만족스러운가? 목표 달성을 하지 못했다면 어떤 이유 때문인가?

Monthly Question

- 달리기를 하며 분하거나 스스로에게 화가 났던 적이 있나요?

- 달리면서 승부욕을 느낀 적이 있나요? 있다면 어떤 상황이었나요?

Before Running

- **오늘의 목표** ex **공통** 60분 보통 달리기

- **오늘의 원칙** ex **공통** 마지막 5분 빠르게 달리기

오늘의 중점 연습	운동 전 컨디션 체크
□ 거리 □ 강도 □ 보강운동 □ 회복	□ 좋음 □ 보통 □ 나쁨

- **어제보다 좀 더 나은 달리기를 위해 한 것들**
  ex 보강운동, 웨이트, 필라테스, 요가, 식단

- **달릴 때 신경 쓰이는 것들** (신체적인 면)

- **목표 달성을 멀어지게 하는 것들** (생활적인 면 / 정신적인 면)
  ex 가족관계, 회사일, 친구들과의 교류

Monthly Question

- 컨디션이 가장 잘 맞는 시간대는 언제 인가요?

□ 새벽 □ 아침
□ 점심 □ 저녁
□ 밤

- 주변사람에게 달리기를 권유할 때 어떻게 말해주고 싶나요?

After Running

거리	소요 시간	평균 페이스	총 누적거리
km	: :	:	km

- **목표 달성 여부**

☐ O ☐ X

- **운동 장소** ex 석촌호수 or 트랙 or 헬스장

운동 강도	운동 후 컨디션 체크
☐ 초특급힘듦 ☐ 힘듦 ☐ 적당함 ☐ 쉬웠음 ☐ 너무 쉬웠음	☐ 좋음 ☐ 보통 ☐ 나쁨

- **운동 후 수행 한 것**

스트레칭	☐ O	☐ X
웜업	☐ O	☐ X
쿨다운	☐ O	☐ X
보강운동	☐ O	☐ X

- **운동 후 통증이 느껴지 곳**

ex
아픈곳 그림에 체크,
어떤 통증인지
구체적으로 쓰기

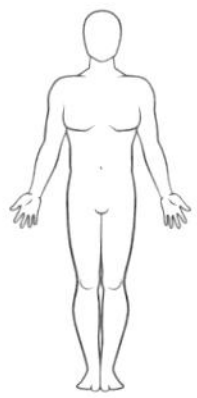

- **오늘의 한 줄**

ex 오늘의 목표 중 어떤 부분이 만족스러운가? 목표 달성을 하지 못했다면 어떤 이유 때문인가?

Monthly Question

- 달리면서 발견한 나의 새로운 긍정적인 모습이 있다면, 어떤 모습이었나요?

- 달리고 나서부터 변화된 생활패턴이 있나요?
ex 술 약속을 자제하게 되었다.

DAY 90

영양 강화 기간

Before Running

- **오늘의 목표** ex 공통 15분 천천히 달리기 + 300m 빠르게 달리기

- **오늘의 원칙** ex 공통 느릴지언정 걷지 않기

오늘의 중점 연습	운동 전 컨디션 체크
□ 거리 □ 강도 □ 보강운동 □ 회복	□ 좋음 □ 보통 □ 나쁨

- **어제보다 좀 더 나은 달리기를 위해 한 것들**
  ex 보강운동, 웨이트, 필라테스, 요가, 식단

- **달릴 때 신경 쓰이는 것들** (신체적인 면)

- **목표 달성을 멀어지게 하는 것들** (생활적인 면 / 정신적인 면)
  ex 가족관계, 회사일, 친구들과의 교류

Monthly Question

- 달리면서 힘들 때 스스로에게 해주는 말이 있나요? 있다면 무엇인가요?

- 달리기를 하면서 스스로가 변하고 있다고 느낀 적은 언제인가요?

After Running

거리	소요 시간	평균 페이스	총 누적거리
km	: :	:	km

- **목표 달성 여부**

☐ O ☐ X

- **운동 장소** ex 석촌호수 or 트랙 or 헬스장

운동 강도	운동 후 컨디션 체크
☐ 초특급힘듦 ☐ 힘듦 ☐ 적당함 ☐ 쉬웠음 ☐ 너무 쉬웠음	☐ 좋음 ☐ 보통 ☐ 나쁨

- **운동 후 수행 한 것**

스트레칭	☐ O	☐ X
웜업	☐ O	☐ X
쿨다운	☐ O	☐ X
보강운동	☐ O	☐ X

- **운동 후 통증이 느껴지 곳**

ex
아픈곳 그림에 체크,
어떤 통증인지
구체적으로 쓰기

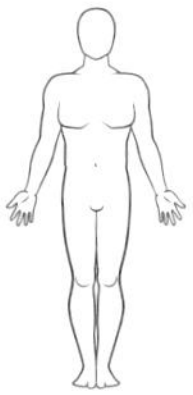

- **오늘의 한 줄**

ex 오늘의 목표 중 어떤 부분이 만족스러운가? 목표 달성을 하지 못했다면 어떤 이유 때문인가?

Monthly Question

- 내 몸의 어느 곳이 가장 약한 것 같나요?

- 보강운동, 스트레칭, 워밍업, 쿨다운 등 가운데 가장 꾸준히 하는 건 무엇인가요?

Before Running

- **오늘의 목표** ex **비기너** 100m 질주 3번+8km 빠르게 달리기 / **에이스** 100m 질주 3번+20km 보통 달리기

- **오늘의 원칙** ex **공통** 달리기 후 30분 이내에 탄수화물과 단백질이 포함된 식사하기

오늘의 중점 연습	운동 전 컨디션 체크
□ 거리 □ 강도 □ 보강운동 □ 회복	□ 좋음 □ 보통 □ 나쁨

- **어제보다 좀 더 나은 달리기를 위해 한 것들**
  ex 보강운동, 웨이트, 필라테스, 요가, 식단

- **달릴 때 신경 쓰이는 것들** (신체적인 면)

- **목표 달성을 멀어지게 하는 것들** (생활적인 면 / 정신적인 면)
  ex 가족관계, 회사일, 친구들과의 교류

Monthly Question 메인운동

- 견디기 힘든 순간인 사점(데드포인트)이 오면 무슨 생각을 하며 견뎠나요?

- 새로 시도해 보고싶은 달리기 장소가 있나요?

After Running

거리	소요 시간	평균 페이스	총 누적거리
km	: :	:	km

- **목표 달성 여부**

□ O □ X

- **운동 장소** ex 석촌호수 or 트랙 or 헬스장

운동 강도	운동 후 컨디션 체크
□ 초특급힘듦 □ 힘듦 □ 적당함 □ 쉬웠음 □ 너무 쉬웠음	□ 좋음 □ 보통 □ 나쁨

- **운동 후 수행 한 것**

스트레칭	□ O	□ X
웜업	□ O	□ X
쿨다운	□ O	□ X
보강운동	□ O	□ X

- **운동 후 통증이 느껴지 곳**

ex
아픈곳 그림에 체크,
어떤 통증인지
구체적으로 쓰기

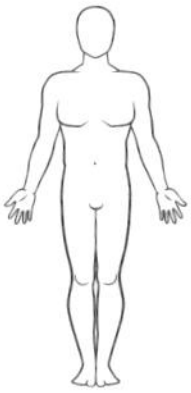

- **오늘의 한 줄**

ex 오늘의 목표 중 어떤 부분이 만족스러운가? 목표 달성을 하지 못했다면 어떤 이유 때문인가?

Monthly Question

- 달리기 속도, 거리 등 어떻게 달라졌나요?

- 앞으로 남은 기간 동안 목표 달성을 위해 어떤 것을 보완해야하나요?

Before Running »

- **오늘의 목표** ex **공통** 2km 천천히 달리기+스트레칭 20분 이상 하기

- **오늘의 원칙** ex **공통** 탄수화물과 단백질이 포함된 양질의 식사하기

오늘의 중점 연습	운동 전 컨디션 체크
□ 거리 □ 강도 □ 보강운동 □ 회복	□ 좋음 □ 보통 □ 나쁨

- **어제보다 좀 더 나은 달리기를 위해 한 것들**
  ex 보강운동, 웨이트, 필라테스, 요가, 식단

- **달릴 때 신경 쓰이는 것들** (신체적인 면)

- **목표 달성을 멀어지게 하는 것들** (생활적인 면 / 정신적인 면)
  ex 가족관계, 회사일, 친구들과의 교류

Monthly Question 회복

- 목표 달성을 위해 참고 있는 것이 있나요?

- 나의 의지를 불태우는 외부적 요인은 무엇인가요?

After Running

거리	소요 시간	평균 페이스	총 누적거리
km	: :	:	km

- **목표 달성 여부**

☐ O ☐ X

- **운동 장소** ex 석촌호수 or 트랙 or 헬스장

운동 강도	운동 후 컨디션 체크
☐ 초특급힘듦 ☐ 힘듦 ☐ 적당함 ☐ 쉬웠음 ☐ 너무 쉬웠음	☐ 좋음 ☐ 보통 ☐ 나쁨

- **운동 후 수행 한 것**

스트레칭	☐ O	☐ X
웜업	☐ O	☐ X
쿨다운	☐ O	☐ X
보강운동	☐ O	☐ X

- **운동 후 통증이 느껴지 곳**

ex
아픈곳 그림에 체크,
어떤 통증인지
구체적으로 쓰기

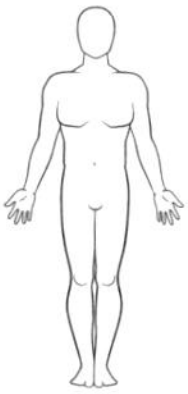

- **오늘의 한 줄**

ex 오늘의 목표 중 어떤 부분이 만족스러운가? 목표 달성을 하지 못했다면 어떤 이유 때문인가?

Monthly Question

- 달리면서 방해되었던 요소가 있었나요?

- 달리면서 집중되지 않았던 순간이 있었나요?

Before Running

- **오늘의 목표** ex **비기너** 100m 질주 3번+6km 보통 달리기 / **에이스** 100m 질주 3번+8km 보통 달리기

- **오늘의 원칙** ex **공통** 달리기 후 스트레칭 30분 이상 하기

오늘의 중점 연습	운동 전 컨디션 체크
☐ 거리 ☐ 강도 ☐ 보강운동 ☐ 회복	☐ 좋음 ☐ 보통 ☐ 나쁨

- **어제보다 좀 더 나은 달리기를 위해 한 것들**
  ex 보강운동, 웨이트, 필라테스, 요가, 식단

- **달릴 때 신경 쓰이는 것들** (신체적인 면)

- **목표 달성을 멀어지게 하는 것들** (생활적인 면 / 정신적인 면)
  ex 가족관계, 회사일, 친구들과의 교류

Quarterly Question

- 이제 일주일 남았습니다. 지금의 나는 목표와 얼마나 가까워져 있나요?

- 목표를 위해 세운 계획은 처음과 변동이 없나요? 있다면 어떻게 변경하였나요?

After Running

거리	소요 시간	평균 페이스	총 누적거리
km	: :	:	km

- **목표 달성 여부**

☐ O ☐ X

- **운동 장소** ex 석촌호수 or 트랙 or 헬스장

운동 강도	운동 후 컨디션 체크
☐ 초특급힘듦 ☐ 힘듦 ☐ 적당함 ☐ 쉬웠음 ☐ 너무 쉬웠음	☐ 좋음 ☐ 보통 ☐ 나쁨

- **운동 후 수행 한 것**

스트레칭	☐ O	☐ X
웜업	☐ O	☐ X
쿨다운	☐ O	☐ X
보강운동	☐ O	☐ X

- **운동 후 통증이 느껴지 곳**

ex
아픈곳 그림에 체크,
어떤 통증인지
구체적으로 쓰기

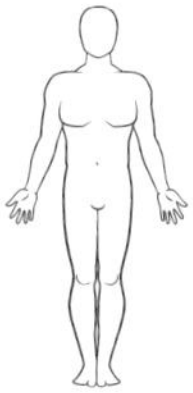

- **오늘의 한 줄**

ex 오늘의 목표 중 어떤 부분이 만족스러운가? 목표 달성을 하지 못했다면 어떤 이유 때문인가?

Quarterly Question

- 목표 달성에 가장 방해되는 것은 무엇이었나요?

- 달리기를 잘 하기 위해 추가적으로 한 것이 있다면 적어보세요.

Before Running

- **오늘의 목표** ex **비기너** 100m 질주 3번+30분 천천히 달리기 / **에이스** 100m 질주 3번+40분 천천히 달리기

- **오늘의 원칙** ex **공통** 일정한 호흡 유지하기

오늘의 중점 연습	운동 전 컨디션 체크
□거리 □강도 □보강운동 □회복	□좋음 □보통 □나쁨

- **어제보다 좀 더 나은 달리기를 위해 한 것들**
  ex 보강운동, 웨이트, 필라테스, 요가, 식단

- **달릴 때 신경 쓰이는 것들** (신체적인 면)

- **목표 달성을 멀어지게 하는 것들** (생활적인 면 / 정신적인 면)
  ex 가족관계, 회사일, 친구들과의 교류

Quarterly Question

- 초반에 세웠던(혹은 중간 변경되었던) 목표를 잘 지키고 있나요?

- 달리기를 하면서 중요하게 생각했던 부분은 무엇인가요?

After Running

거리	소요 시간	평균 페이스	총 누적거리
km	: :	:	km

- **목표 달성 여부**

☐ O ☐ X

- **운동 장소** ex 석촌호수 or 트랙 or 헬스장

운동 강도	운동 후 컨디션 체크
☐ 초특급힘듦 ☐ 힘듦 ☐ 적당함 ☐ 쉬웠음 ☐ 너무 쉬웠음	☐ 좋음 ☐ 보통 ☐ 나쁨

- **운동 후 수행 한 것**

스트레칭	☐ O	☐ X
웜업	☐ O	☐ X
쿨다운	☐ O	☐ X
보강운동	☐ O	☐ X

- **운동 후 통증이 느껴지 곳**

ex
아픈곳 그림에 체크,
어떤 통증인지
구체적으로 쓰기

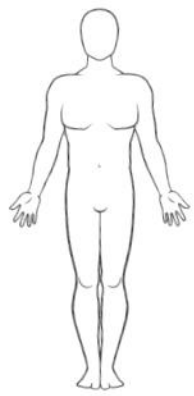

- **오늘의 한 줄**

ex 오늘의 목표 중 어떤 부분이 만족스러운가? 목표 달성을 하지 못했다면 어떤 이유 때문인가?

Quarterly Question

- 100일을 꾸준히 달린 나에게 무엇으로 보상해주고 싶나요?

- 지금까지 달려온 나에게 어떤 말을 해주고 싶나요?

Before Running

- **오늘의 목표** ex 공통 100m 질주 3번+5km 보통 달리기

- **오늘의 원칙** ex 공통 물 2L 마시기

오늘의 중점 연습	운동 전 컨디션 체크
□ 거리 □ 강도 □ 보강운동 □ 회복	□ 좋음 □ 보통 □ 나쁨

- **어제보다 좀 더 나은 달리기를 위해 한 것들**
  ex 보강운동, 웨이트, 필라테스, 요가, 식단

- **달릴 때 신경 쓰이는 것들** (신체적인 면)

- **목표 달성을 멀어지게 하는 것들** (생활적인 면 / 정신적인 면)
  ex 가족관계, 회사일, 친구들과의 교류

Quarterly Question

- 진짜 러너가 되었다고 생각한 순간이 있었나요?

- 러너로서 자신의 강점이 무엇이라고 생각하나요?
  ex 장거리, 스피드, 정신력 등

After Running

거리	소요 시간	평균 페이스	총 누적거리
km	: :	:	km

- 목표 달성 여부

□ O □ X

- 운동 장소 ex 석촌호수 or 트랙 or 헬스장

운동 강도	운동 후 컨디션 체크
□ 초특급힘듦 □ 힘듦 □ 적당함 □ 쉬웠음 □ 너무 쉬웠음	□ 좋음 □ 보통 □ 나쁨

- 운동 후 수행 한 것

스트레칭 □ O □ X

웜업 □ O □ X

쿨다운 □ O □ X

보강운동 □ O □ X

- 운동 후 통증이 느껴지 곳

ex
아픈곳 그림에 체크,
어떤 통증인지
구체적으로 쓰기

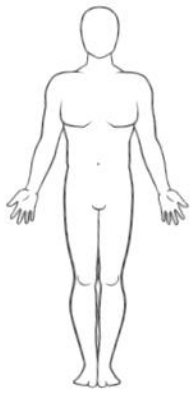

- 오늘의 한 줄

ex 오늘의 목표 중 어떤 부분이 만족스러운가? 목표 달성을 하지 못했다면 어떤 이유 때문인가?

Quarterly Question

- 100일 달리기 시작 전에 쓴 자신만의 선언문을 다시 작성해보세요.

- 나만의 달리기 문장을 써 보세요.

Before Running

- **오늘의 목표** ex 공통 100m 질주 3번 + 3km 보통 달리기

- **오늘의 원칙** ex 공통 달리기 후 스트레칭 30분 이상하기

오늘의 중점 연습	운동 전 컨디션 체크
□ 거리 □ 강도 □ 보강운동 □ 회복	□ 좋음 □ 보통 □ 나쁨

- **어제보다 좀 더 나은 달리기를 위해 한 것들**
  ex 보강운동, 웨이트, 필라테스, 요가, 식단

- **달릴 때 신경 쓰이는 것들** (신체적인 면)

- **목표 달성을 멀어지게 하는 것들** (생활적인 면 / 정신적인 면)
  ex 가족관계, 회사일, 친구들과의 교류

Quarterly Question

- 오늘 달리면서 되새기고 싶은 말이 있나요?

- 그 문장은 나에게 어떤 힘이 되나요?

러닝은 인생이다. 나만의 페이스로 내 인생을 그려나가면, 결국 완주할 수 있다. 이상운

After Running

거리	소요 시간	평균 페이스	총 누적거리
km	: :	:	km

● **목표 달성 여부**

☐ O ☐ X

● **운동 장소** ex 석촌호수 or 트랙 or 헬스장

운동 강도	운동 후 컨디션 체크
☐ 초특급힘듦 ☐ 힘듦 ☐ 적당함 ☐ 쉬웠음 ☐ 너무 쉬웠음	☐ 좋음 ☐ 보통 ☐ 나쁨

● **운동 후 수행 한 것**

스트레칭	☐ O	☐ X
웜업	☐ O	☐ X
쿨다운	☐ O	☐ X
보강운동	☐ O	☐ X

● **운동 후 통증이 느껴지 곳**

ex
아픈곳 그림에 체크,
어떤 통증인지
구체적으로 쓰기

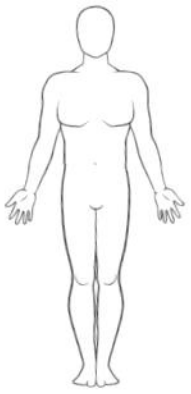

● **오늘의 한 줄**

ex 오늘의 목표 중 어떤 부분이 만족스러운가? 목표 달성을 하지 못했다면 어떤 이유 때문인가?

Quarterly Question

• 일상생활에서 변화된 내 모습은 어떠한가요?

• 변화된 자신의 모습이 내가 바라던 모습인가요?

Before Running

- **오늘의 목표** ex **공통** 100m 질주 3번+3km 보통 달리기

- **오늘의 원칙** ex **공통** 일정한 호흡 유지하기

오늘의 중점 연습	운동 전 컨디션 체크
□ 거리 □ 강도 □ 보강운동 □ 회복	□ 좋음 □ 보통 □ 나쁨

- **어제보다 좀 더 나은 달리기를 위해 한 것들**
  ex 보강운동, 웨이트, 필라테스, 요가, 식단

- **달릴 때 신경 쓰이는 것들** (신체적인 면)

- **목표 달성을 멀어지게 하는 것들** (생활적인 면 / 정신적인 면)
  ex 가족관계, 회사일, 친구들과의 교류

Quarterly Question

- 나의 신체는 달리기에 적합한 상태로 만들어졌나요?

- 나는 나의 몸을 컨트롤 할 수 있나요?

After Running

거리	소요 시간	평균 페이스	총 누적거리
km	: :	:	km

- **목표 달성 여부**

☐ O ☐ X

- **운동 장소** ex 석촌호수 or 트랙 or 헬스장

운동 강도	운동 후 컨디션 체크
☐ 초특급힘듦 ☐ 힘듦 ☐ 적당함 ☐ 쉬웠음 ☐ 너무 쉬웠음	☐ 좋음 ☐ 보통 ☐ 나쁨

- **운동 후 수행 한 것**

스트레칭	☐ O	☐ X
웜업	☐ O	☐ X
쿨다운	☐ O	☐ X
보강운동	☐ O	☐ X

- **운동 후 통증이 느껴지 곳**

ex
아픈곳 그림에 체크,
어떤 통증인지
구체적으로 쓰기

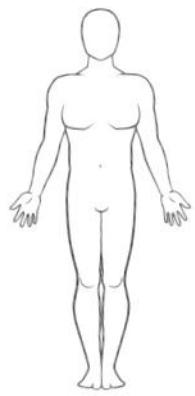

- **오늘의 한 줄**

ex 오늘의 목표 중 어떤 부분이 만족스러운가? 목표 달성을 하지 못했다면 어떤 이유 때문인가?

Quarterly Question

- 나의 내면은 달리기 전과 후, 어떻게 달라졌나요?

- 달리는 나는 다른사람에게 어떻게 비춰질 것 같나요?

ex 땀에 흠뻑젖은 나는 섹시하다

Before Running

- **오늘의 목표** ex 공통 3km 보통 달리기

- **오늘의 원칙** ex 공통 달리기 후 스트레칭 30분 하기

오늘의 중점 연습				운동 전 컨디션 체크		
□ 거리	□ 강도	□ 보강운동	□ 회복	□ 좋음	□ 보통	□ 나쁨

- **어제보다 좀 더 나은 달리기를 위해 한 것들**
  ex 보강운동, 웨이트, 필라테스, 요가, 식단

- **달릴 때 신경 쓰이는 것들** (신체적인 면)

- **목표 달성을 멀어지게 하는 것들** (생활적인 면 / 정신적인 면)
  ex 가족관계, 회사일, 친구들과의 교류

Quarterly Question

- 달릴 때 나만의 철칙은 무엇인가요?

- 지난 98일 동안 후회되었던 날이 있었나요?

After Running

거리	소요 시간	평균 페이스	총 누적거리
km	: :	:	km

- **목표 달성 여부**

☐ O ☐ X

- **운동 장소** ex 석촌호수 or 트랙 or 헬스장

운동 강도	운동 후 컨디션 체크
☐ 초특급힘듦 ☐ 힘듦 ☐ 적당함 ☐ 쉬웠음 ☐ 너무 쉬웠음	☐ 좋음 ☐ 보통 ☐ 나쁨

- **운동 후 수행 한 것**

스트레칭	☐ O	☐ X
웜업	☐ O	☐ X
쿨다운	☐ O	☐ X
보강운동	☐ O	☐ X

- **운동 후 통증이 느껴지 곳**

ex
아픈곳 그림에 체크,
어떤 통증인지
구체적으로 쓰기

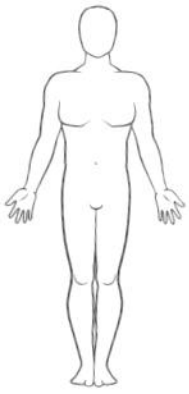

- **오늘의 한 줄**

ex 오늘의 목표 중 어떤 부분이 만족스러운가? 목표 달성을 하지 못했다면 어떤 이유 때문인가?

Quarterly Question

- 오늘 달리기를 한 줄로 표현한다면?

- 21일차를 기록할 때와 지금의 나는 무엇이 달라졌나요?

Before Running

- **오늘의 목표** ex **공통** 근육 마사지와 스트레칭 30분 이상 하기

- **오늘의 원칙** ex **공통** 반동을 주지 않고 지긋이 누르듯 스트레칭 하기

오늘의 중점 연습	운동 전 컨디션 체크
□ 거리 □ 강도 □ 보강운동 □ 회복	□ 좋음 □ 보통 □ 나쁨

- **어제보다 좀 더 나은 달리기를 위해 한 것들**
  ex 보강운동, 웨이트, 필라테스, 요가, 식단

- **달릴 때 신경 쓰이는 것들** (신체적인 면)

- **목표 달성을 멀어지게 하는 것들** (생활적인 면 / 정신적인 면)
  ex 가족관계, 회사일, 친구들과의 교류

Quarterly Question

- 나에게 달리기는 즐거운 일인가요?

- 나에게 달리기는 어떤 의미인가요(혹은 의미가 되었나요)?

After Running

거리	소요 시간	평균 페이스	총 누적거리
km	: :	:	km

- **목표 달성 여부**

□ O □ X

- **운동 장소** ex 석촌호수 or 트랙 or 헬스장

운동 강도	운동 후 컨디션 체크
□ 초특급힘듦 □ 힘듦 □ 적당함 □ 쉬웠음 □ 너무 쉬웠음	□ 좋음 □ 보통 □ 나쁨

- **운동 후 수행 한 것**

스트레칭	□ O	□ X
웜업	□ O	□ X
쿨다운	□ O	□ X
보강운동	□ O	□ X

- **운동 후 통증이 느껴지 곳**

ex
아픈곳 그림에 체크,
어떤 통증인지
구체적으로 쓰기

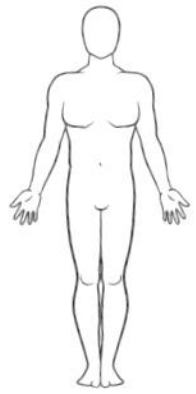

- **오늘의 한 줄**

ex 오늘의 목표 중 어떤 부분이 만족스러운가? 목표 달성을 하지 못했다면 어떤 이유 때문인가?

Quarterly Question

- 지난 순간 가장 힘들었던 적을 적어보세요.

- 지난 순간 가장 기뻤던 적을 적어보세요.

DAY 100

목표 달성의 날 달리기를 마무리하며

Before Running

- **오늘의 목표** ex **비기너** 10km 최선을 다해 달리기 / **에이스** 21km 최선을 다해 달리기

- **오늘의 원칙** ex **공통** 느릴지언정 걷지 않기, 멈추지 않기

오늘의 중점 연습	운동 전 컨디션 체크
□ 거리 □ 강도 □ 보강운동 □ 회복	□ 좋음 □ 보통 □ 나쁨

- **어제보다 좀 더 나은 달리기를 위해 한 것들**
  ex 보강운동, 웨이트, 필라테스, 요가, 식단

- **달릴 때 신경 쓰이는 것들** (신체적인 면)

- **목표 달성을 멀어지게 하는 것들** (생활적인 면 / 정신적인 면)
  ex 가족관계, 회사일, 친구들과의 교류

Final Question

- 목표 달성을 위해 달려온 100일이 만족스러웠나요?

- 시작 전과 지금, 달라진 점은 무엇인가?

After Running

거리	소요 시간	평균 페이스	총 누적거리
km	: :	:	km

- **목표 달성 여부**

☐ O ☐ X

- **운동 장소** ex 석촌호수 or 트랙 or 헬스장

운동 강도	운동 후 컨디션 체크
☐ 초특급힘듦 ☐ 힘듦 ☐ 적당함 ☐ 쉬웠음 ☐ 너무 쉬웠음	☐ 좋음 ☐ 보통 ☐ 나쁨

- **운동 후 수행 한 것**

스트레칭 ☐ O ☐ X
웜업 ☐ O ☐ X
쿨다운 ☐ O ☐ X
보강운동 ☐ O ☐ X

- **운동 후 통증이 느껴지 곳**

ex
아픈곳 그림에 체크,
어떤 통증인지
구체적으로 쓰기

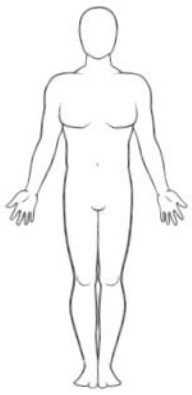

- **오늘의 한 줄**

ex 오늘의 목표 중 어떤 부분이 만족스러운가? 목표 달성을 하지 못했다면 어떤 이유 때문인가?

Final Question

- 다음 목표는 무엇인가?

- 다음 목표를 위해 나는 무엇을 할 것인가?

RUNNER'S DIARY

최종 결과

목표한대로 성취를 이뤘는가? 목표 달성을 이루지 못하였더라도
다음 기회에는 더 나은 결과를 낳을 수 있을 것이다.
그동안 적은 것을 토대로 100일간의 기록을 정리해 보도록 한다.

- 최종 목표 달성일

- 내가 최종적으로 달성한 목표는 무엇인가요?(100일째 기록지를 살펴보세요)

- 나의 목표는 처음 목표에서 어떻게 변화되었나요?(1일차 기록을 살펴보세요)

- 100일 동안 가장 크게 달라진 점은 무엇인가요? (그동안 매일 적은 것을 살펴보세요)

신체적인 면	정신적인 면

나만의 BEST 10

그동안의 기록을 바탕으로 아래 질문에 맞게 적어본다.
이외 자신이 뽑고 싶은 순간을 질문으로 만들어 본다.

	일시	장소	거리	소요 시간	평균 페이스
1km 최고기록					
3km 최고기록					
가장 오래 달린 날					
가장 빠르게 달린 날					
가장 멀리 달린 날					

RUN RUN RUNNN!!